KB047072

왕초보 탈출 프로젝트

인도네시아어 말하기 첫걸음 2

하영지 지음

S 시원스쿨닷컴

초판 1쇄 발행 2023년 5월 30일
초판 2쇄 발행 2024년 11월 1일

지은이 하영지
펴낸곳 (주)에스제이더블유인터내셔널
펴낸이 양홍걸 이시원

홈페이지 indonesia.siwonschool.com
주소 서울시 영등포구 영신로 166 시원스쿨
교재 구입 문의 02)2014-8151
고객센터 02)6409-0878

ISBN 979-11-6150-712-5 13730
Number 1-440301-18121821-09

머리말

인도네시아어 강사로 십 수년간 경력을 쌓아오면서도 처음 인도네시아어를 시작하는 분들이 어떻게 하면 더 흥미 있고, 쉽게 인도네시아어를 배울 수 있을까에 대해 오랫동안 고민해왔습니다. 한국과 인도네시아 양국이 서로의 성장에 중요한 국가로 자리매김하면서, 다양한 분야의 학습자들이 인도네시아어 학습 과정에 입문하고 있습니다. 넓은 연령대와 직업군에 퍼져 있는 인도네시아어 학습자 모두가 쉽고 재미있게 배우길 바라는 마음을 녹여 본 도서를 집필했습니다.

본 책은 인도네시아 언어의 특징과 문자, 발음 체계부터 단계적으로 학습할 수 있습니다. 또한 각 단어를 정확히 발음할 수 있도록 최대한 원어민 발음에 가까운 한국어 독음을 수록하였고, 이를 통해 학습자분들이 최대한 올바른 발음을 배워 전달력을 기를 수 있길 기대합니다. 뿐만 아니라 문법 설명에서 내용은 알차면서 쉽게 전달하기 위해 많은 고민을 거듭했으며, 다양한 예문을 함께 수록하여 앞서 배운 문법 내용을 완벽히 이해할 수 있도록 구성하였습니다. 이처럼 활용도 높은 예문, 패턴, 회화 속 문장을 통해 학습자들이 직접 듣고, 말하고, 읽고, 써 보며 네 가지 영역의 능력을 두루 학습할 수 있을 것입니다.

본 책을 출판하는 과정에서도 꾸준히 수업을 이어왔습니다. 수업을 통해 다양한 학습자를 만나고, 함께 성장해 나갈 동력을 주신 박광우 교수님께 감사를 전합니다. 각 수업에서 만난 학습자분들의 배우고자 하는 열정이 있었기에 좋은 책을 내고자 하는 마음을 굳힐 수 있었습니다. 성장할 수 있는 지혜를 주신 이동천 대표님과 김성민 님, 홍지현 님, 정소정 님께도 특별한 감사를 전합니다.

인도네시아어 강사로서 인도네시아어를 학습하시는 여러분과 앞으로 책에서도, 강의에서도 더 자주 만나 뵙길 기대합니다. 감사합니다.

하영지

목차

이 책의 구성과 특징

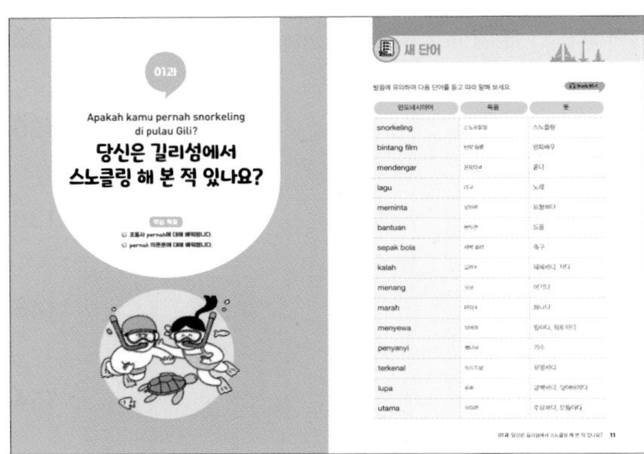

01과

Apakah kamu pernah snorkeling di pulau Gili?

당신은 길리섬에서 스노클링 해 본 적 있나요?

새 단어

인도네시아어	독음	뜻
snorkeling		스노클링
bintang film		영화배우
mendengar		듣다
lagu		노래
meminta		요청하다
bantuan		도움
sepak bola		축구
kalah		
menang		
marah		
menyewa		
penyanyi		가수
terkenal		유명하다
lupa		
utama		

학습 목표 및 새 단어

각 과의 핵심 내용이 무엇인지 파악한 후 학습에 들어갈 수 있습니다. 또한, 각 과의 주요 단어를 보기 쉽게 정리하였습니다. 단어를 익힌 후 본 학습에 들어가면 더 효과적으로 학습할 수 있습니다.

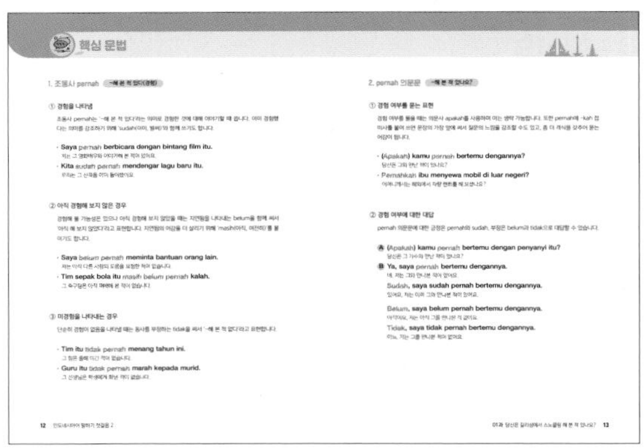

핵심 문법

- Saya pernah berbicara dengan bintang film itu.
- Kita sudah pernah mendengar lagu baru itu.
- Saya belum pernah meminta bantuan orang lain.
- Tim sepak bola itu masih belum pernah kalah.
- Tim itu tidak pernah menang tahun ini.
- Guru itu tidak pernah marah kepada murid.
- (Apakah) kamu pernah bertemu dengannya?
- Pernahkah ibu menyewa mobil di luar negeri?

핵심 문법

문법 개념을 탄탄하게 다질 수 있도록 친절한 설명과 활용도 높은 예문으로 구성하였습니다.

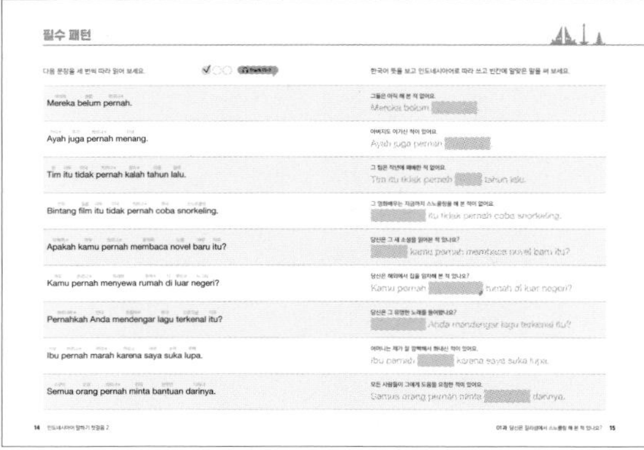

필수 패턴

Mereka belum pernah.

Ayah juga pernah menang.

Tim itu tidak pernah kalah tahun lalu.

Bintang film itu tidak pernah coba snorkeling.

Apakah kamu pernah membaca novel baru itu?

Kamu pernah menyewa rumah di luar negeri?

Pernahkah Anda mendengar lagu terkenal itu?

Ibu pernah marah karena saya suka lupa.

Semua orang pernah minta bantuan darinya.

필수 패턴

학습한 문법 내용을 활용할 수 있도록 패턴으로 제시하였습니다. 패턴을 세 번씩 따라 읽으며 연습한 후에 빈칸을 채우며 복습할 수 있도록 구성하여, 듣기, 쓰기, 말하기 영역을 모두 연습할 수 있습니다.

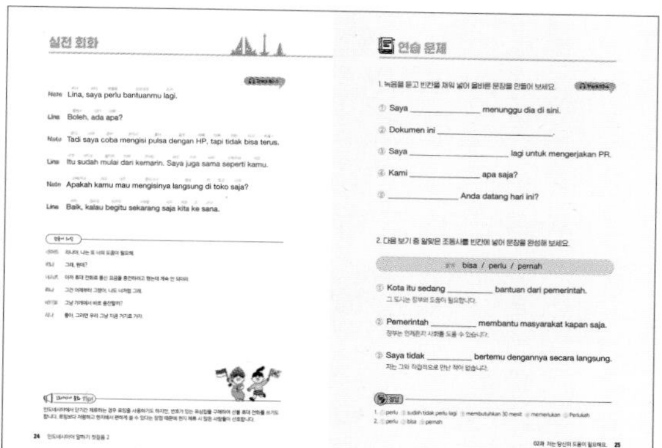
실전 회화

Nate Lina, saya perlu bantuanmu lagi.
Lina Boleh, ada apa?
Nate Tadi saya coba mengisi pulsa dengan HP, tapi tidak bisa terus.
Lina Itu sudah mulai dari kemarin. Saya juga sama seperti kamu.
Nate Apakah kamu mau mengisinya langsung di toko saja?
Lina Baik, kalau begitu sekarang saja kita ke sana.

5 연습 문제

1. 녹음을 듣고 빈칸을 채워 넣어 올바른 문장을 만들어 보세요.
① Saya ________ menunggu dia di sini.
② Dokumen ini ________.
③ Saya ________ lagi untuk mengerjakan PR.
④ Kami ________ apa saja?
⑤ ________ Anda datang hari ini?

2. 다음 보기 중 알맞은 조동사를 빈칸에 넣어 문장을 완성해 보세요.
보기 bisa / perlu / pernah
① Kota itu sedang ________ bantuan dari pemerintah.
② Pemerintah ________ membantu masyarakat kapan saja.
③ Saya tidak ________ bertemu dengannya secara langsung.

실전 회화 및 연습 문제

문법과 패턴에서 학습한 내용을 응용할 수 있도록 활용도 높은 대화문을 제시하였습니다. 또한, 연습 문제를 풀어 보며 자신의 실력을 확인할 수 있습니다.

특별 무료 부록 활용하기!

❶ 원어민 MP3 음원

원어민 발음을 듣고 따라 읽으며 정확한 발음 연습하기!

❷ 연습 문제 PDF

배운 내용을 복습하며 완벽하게 내 것으로 만들기!

시원스쿨 인도네시아어 홈페이지(indonesia.siwonschool.com)에 로그인 ▶ 학습지원센터 ▶ 공부 자료실 ▶ 하단에 도서명 '인도네시아어 말하기 첫걸음 2'로 검색한 후 무료로 다운로드 가능합니다.

❸ 말하기 트레이닝 영상

영상을 통해 언제 어디서든 쉽게 말하기 훈련하기!

유튜브에 '인도네시아어 말하기 트레이닝'을 검색하여 시청 가능합니다.

학습 플랜❶ 8주 완성 정석 플랜

주/요일	MON	TUE	WED	THU	FRI
1주차	학습일 /	학습일 /	학습일 /	학습일 /	학습일 /
	01과 학습 확인 ▢	02과 학습 확인 ▢	03과 학습 확인 ▢	04과 학습 확인 ▢	05과 학습 확인 ▢
2주차	학습일 /	학습일 /	학습일 /	학습일 /	학습일 /
	01~05과 복습 학습 확인 ▢	06과 학습 확인 ▢	07과 학습 확인 ▢	08과 학습 확인 ▢	09과 학습 확인 ▢
3주차	학습일 /	학습일 /	학습일 /	학습일 /	학습일 /
	10과 학습 확인 ▢	06~10과 복습 학습 확인 ▢	11과 학습 확인 ▢	12과 학습 확인 ▢	13과 학습 확인 ▢
4주차	학습일 /	학습일 /	학습일 /	학습일 /	학습일 /
	14과 학습 확인 ▢	15과 학습 확인 ▢	11~15과 복습 학습 확인 ▢	16과 학습 확인 ▢	17과 학습 확인 ▢
5주차	학습일 /	학습일 /	학습일 /	학습일 /	학습일 /
	18과 학습 확인 ▢	19과 학습 확인 ▢	20과 학습 확인 ▢	16~20과 복습 학습 확인 ▢	21과 학습 확인 ▢
6주차	학습일 /	학습일 /	학습일 /	학습일 /	학습일 /
	22과 학습 확인 ▢	23과 학습 확인 ▢	24과 학습 확인 ▢	25과 학습 확인 ▢	21~25과 복습 학습 확인 ▢
7주차	학습일 /	학습일 /	학습일 /	학습일 /	학습일 /
	26과 학습 확인 ▢	27과 학습 확인 ▢	28과 학습 확인 ▢	29과 학습 확인 ▢	30과 학습 확인 ▢
8주차	학습일 /	학습일 /	학습일 /	학습일 /	학습일 /
	26~30과 복습 학습 확인 ▢	말하기 트레이닝 (1~10과) 학습 확인 ▢	말하기 트레이닝 (11~20과) 학습 확인 ▢	말하기 트레이닝 (21~30과) 학습 확인 ▢	연습문제 PDF 학습 확인 ▢

학습 플랜② 4주 완성 속성 플랜

주/요일	MON	TUE	WED	THU	FRI
1주차	학습일 /	학습일 /	학습일 /	학습일 /	학습일 /
	1권 복습 학습 확인 ▢	01~02과 학습 확인 ▢	03~04과 학습 확인 ▢	05~06과 학습 확인 ▢	07~08과 학습 확인 ▢
2주차	학습일 /	학습일 /	학습일 /	학습일 /	학습일 /
	09~10과 학습 확인 ▢	말하기 트레이닝 (1~10과) 학습 확인 ▢	11~12과 학습 확인 ▢	13~14과 학습 확인 ▢	15~16과 학습 확인 ▢
3주차	학습일 /	학습일 /	학습일 /	학습일 /	학습일 /
	17~18과 학습 확인 ▢	19~20과 학습 확인 ▢	말하기 트레이닝 (11~20과) 학습 확인 ▢	21~22과 학습 확인 ▢	23~24과 학습 확인 ▢
4주차	학습일 /	학습일 /	학습일 /	학습일 /	학습일 /
	25~26과 학습 확인 ▢	27~28과 학습 확인 ▢	29~30과 학습 확인 ▢	말하기 트레이닝 (21~30과) 학습 확인 ▢	연습 문제 PDF 학습 확인 ▢

01과

Apakah kamu pernah snorkeling di pulau Gili?

당신은 길리섬에서 스노클링 해 본 적 있나요?

학습 목표

- 조동사 pernah에 대해 배워봅니다.
- pernah 의문문에 대해 배워봅니다.

새 단어

발음에 유의하며 다음 단어를 듣고 따라 말해 보세요. Track 01-1

인도네시아어	독음	뜻
snorkeling	스노르끌링	스노클링
bintang film	빈땅 필름	영화배우
mendengar	믄등아ㄹ	듣다
lagu	라구	노래
meminta	므민따	요청하다
bantuan	반뚜안	도움
sepak bola	세빡 볼라	축구
kalah	깔라ㅎ	패배하다, 지다
menang	므낭	이기다
marah	마라ㅎ	화나다
menyewa	므녜와	빌리다, 렌트하다
penyanyi	쁘냐늬	가수
terkenal	뜨르끄날	유명하다
lupa	루빠	깜빡하다, 잊어버리다
utama	우따마	주요하다, 으뜸이다

핵심 문법

1. 조동사 pernah ~해 본 적 있다(경험)

① 경험을 나타냄

조동사 pernah는 '~해 본 적 있다'라는 의미로 경험한 것에 대해 이야기할 때 씁니다. 이미 경험했다는 의미를 강조하기 위해 'sudah(이미, 벌써)'와 함께 쓰기도 합니다.

- **Saya pernah berbicara dengan bintang film itu.**
  저는 그 영화배우와 이야기해 본 적이 있어요.
- **Kita sudah pernah mendengar lagu baru itu.**
  우리는 그 신곡을 이미 들어봤어요.

② 아직 경험해 보지 않은 경우

경험해 볼 가능성은 있으나 아직 경험해 보지 않았을 때는 지연됨을 나타내는 belum을 함께 써서 '아직 해 보지 않았다'라고 표현합니다. 지연됨의 어감을 더 살리기 위해 'masih(아직, 여전히)'를 붙이기도 합니다.

- **Saya belum pernah meminta bantuan orang lain.**
  저는 아직 다른 사람의 도움을 요청한 적이 없습니다.
- **Tim sepak bola itu masih belum pernah kalah.**
  그 축구팀은 아직 패배해 본 적이 없습니다.

③ 미경험을 나타내는 경우

단순히 경험이 없음을 나타낼 때는 동사를 부정하는 tidak을 써서 '~해 본 적 없다'라고 표현합니다.

- **Tim itu tidak pernah menang tahun ini.**
  그 팀은 올해 이긴 적이 없습니다.
- **Guru itu tidak pernah marah kepada murid.**
  그 선생님은 학생에게 화낸 적이 없습니다.

2. pernah 의문문 ~해 본 적 있나요?

① 경험 여부를 묻는 표현

경험 여부를 물을 때는 의문사 apakah를 사용하며 이는 생략 가능합니다. 또한 pernah에 -kah 접미사를 붙여 쓰면 문장의 가장 앞에 써서 질문의 느낌을 강조할 수도 있고, 좀 더 격식을 갖추어 묻는 어감이 됩니다.

- **(Apakah) kamu pernah bertemu dengannya?**
  당신은 그와 만난 적이 있나요?
- **Pernahkah ibu menyewa mobil di luar negeri?**
  어머니께서는 해외에서 차량 렌트를 해 보셨나요?

② 경험 여부에 대한 대답

pernah 의문문에 대한 긍정은 pernah와 sudah, 부정은 belum과 tidak으로 대답할 수 있습니다.

A **(Apakah) kamu pernah bertemu dengan penyanyi itu?**
당신은 그 가수와 만난 적이 있나요?

B **Ya, saya pernah bertemu dengannya.**
네, 저는 그와 만나본 적이 있어요.

Sudah, saya sudah pernah bertemu dengannya.
있어요, 저는 이미 그와 만나본 적이 있어요.

Belum, saya belum pernah bertemu dengannya.
아직이요, 저는 아직 그를 만나본 적 없어요.

Tidak, saya tidak pernah bertemu dengannya.
아뇨, 저는 그를 만나본 적이 없어요.

필수 패턴

다음 문장을 세 번씩 따라 읽어 보세요.

므레까 블룸 쁘르나ㅎ
Mereka belum pernah.

아야ㅎ 주가 쁘르나ㅎ 므낭
Ayah juga pernah menang.

띰 이뚜 띠닥 쁘르나ㅎ 깔라ㅎ 따훈 랄루
Tim itu tidak pernah kalah tahun lalu.

빈땅 필름 이뚜 띠닥 쁘르나ㅎ 쪼바 스노르끌링
Bintang film itu tidak pernah coba snorkeling.

아빠까ㅎ 까무 쁘르나ㅎ 믐바짜 노벨 바루 이뚜
Apakah kamu pernah membaca novel baru itu?

까무 쁘르나ㅎ 므녜와 루마ㅎ 디 루아ㄹ 느그리
Kamu pernah menyewa rumah di luar negeri?

쁘르나까ㅎ 안다 믄등아ㄹ 라구 뜨르끄날 이뚜
Pernahkah Anda mendengar lagu terkenal itu?

이부 쁘르나ㅎ 마라ㅎ 까르나 사야 수까 루빠
Ibu pernah marah karena saya suka lupa.

스무아 오랑 쁘르나ㅎ 민따 반뚜안 다리냐
Semua orang pernah minta bantuan darinya.

한국어 뜻을 보고 인도네시아어로 따라 쓰고 빈칸에 알맞은 말을 써 보세요.

그들은 아직 해 본 적 없어요.
Mereka belum ______.

아버지도 이기신 적이 있어요.
Ayah juga pernah ______.

그 팀은 작년에 패배한 적 없어요.
Tim itu tidak pernah ______ tahun lalu.

그 영화배우는 지금까지 스노클링을 해 본 적이 없어요.
______ itu tidak pernah coba snorkeling.

당신은 그 새 소설을 읽어본 적 있나요?
______ kamu pernah membaca novel baru itu?

당신은 해외에서 집을 임차해 본 적 있나요?
Kamu pernah ______ rumah di luar negeri?

당신은 그 유명한 노래를 들어봤나요?
______ Anda mendengar lagu terkenal itu?

어머니는 제가 잘 깜빡해서 화내신 적이 있어요.
Ibu pernah ______ karena saya suka lupa.

모든 사람들이 그에게 도움을 요청한 적이 있어요.
Semua orang pernah minta ______ darinya.

실전 회화

Track 01-3

Nate	아빠까ㅎ 까무 쁘르나ㅎ 스노르끌링 디 뿔라우 길리 Apakah kamu pernah snorkeling di pulau Gili?
Lina	쁘르나ㅎ 쪼바 따삐 띠닥 비사 믈리핫 디 달람냐 Pernah coba, tapi tidak bisa melihat di dalamnya.
Nate	끄나빠 Kenapa?
Lina	까르나 쭈아짜 왁뚜 이뚜 믄둥 Karena cuaca waktu itu mendung. 깔라우 까무 수다ㅎ 쁘르나ㅎ Kalau kamu sudah pernah?
Nate	야 사야 수다ㅎ 쁘르나ㅎ 따훈 랄루 Ya, saya sudah pernah tahun lalu.

한국어 해석

네이트 너는 길리섬에서 스노클링 해 본 적 있어?

리나 해 본 적 있는데, 그 안을 보진 못했어.

네이트 왜?

리나 그때는 날씨가 흐렸거든.
너는 해 본 적 있어?

네이트 응, 나는 작년에 해 봤어.

 인도네시아 문화 Tip!

세계 최대의 도서국가인 인도네시아에서는 다양한 해양 레저 스포츠를 즐길 수 있습니다. 각 섬마다 각기 다른 경치를 가지며 대표적인 레저 스포츠가 다르기 때문에 같은 인도네시아 안에서도 가는 곳마다 새로운 것을 보고 경험할 수 있습니다.

연습 문제

1. 녹음을 듣고 빈칸을 채워 넣어 올바른 문장을 만들어 보세요. Track 01-4

① ______________________ bertemu dengan penyanyi itu?

② Dia ______________________ marah.

③ Saya ______________________ tinggal di pulau Jeju.

④ ______________________ itu pernah menjadi peran utama.

⑤ Saya pernah melihat ______________________ yang indah.

2. 한국어 해석을 보고 빈칸을 채워 넣어 올바른 문장을 만들어 보세요.

① Penyanyi Inggris itu ______________________ menjadi terkenal.
그 영국 가수는 아직 유명해져 본 적이 없어요.

② ______________________ tidak pernah berlibur sampai sekarang.
프랑스어 선생님은 여태까지 휴가를 보낸 적이 없어요.

③ ______________________ itu sudah pernah belajar di kelas itu.
그 대학생은 그 수업에서 공부한 적이 있어요.

정답

1. ① Apakah kamu pernah ② tidak pernah ③ pernah coba ④ Bintang film ⑤ pemandangan Bali
2. ① belum pernah ② Guru bahasa Prancis ③ Mahasiswa

Saya perlu bantuanmu.

저는 당신의 도움이 필요해요.

학습 목표

- 조동사 perlu에 대해 배워봅니다.
- perlu 의문문에 대해 배워봅니다.

새 단어

발음에 유의하며 다음 단어를 듣고 따라 말해 보세요. Track 02-1

인도네시아어	독음	뜻
butuh	부뚜ㅎ	필요하다
memerlukan	므므를루깐	~을(를) 필요로 하다
terbaru	뜨르바루	최신
pemerintah	쁘므린따ㅎ	정부
produk	쁘로둑	제품
ramah lingkungan	라마ㅎ 링꿍안	친환경
istirahat	이스띠라핫	휴식
mantel	만뜰	코트
sisir	시시ㄹ	빗
laporan	라뽀란	보고서
masyarakat	마샤라깟	사회
bertengkar	브르뜽까ㄹ	싸우다, 다투다
mengisi	믕이시	채우다
pulsa	뿔사	통신 요금
langsung	랑숭	바로, 직접적으로

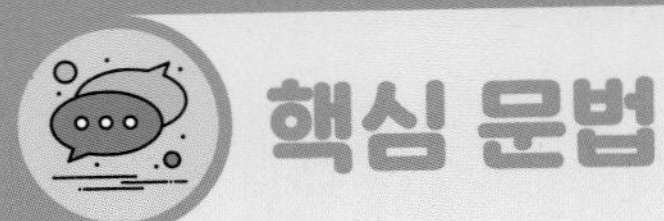

1. 조동사 perlu ~을(를) 필요로 하다

① 필요한 것을 나타냄

조동사 perlu는 '~을(를) 필요로 하다'라는 의미로 쓰입니다. 동사나 명사 앞에 쓰이며 perlu 자체가 동사로 쓰이기도 합니다. 시기와 관련된 내용을 함께 언급할 때는 시기를 나타내는 단어 뒤에 perlu가 위치합니다.

- **Dia perlu uang untuk HP terbaru.**
  그는 최신 휴대 전화를 (사기) 위해 돈이 필요해요.
- **Saya masih perlu tiket ini.**
  저는 아직 이 티켓이 필요해요.

② 유의어 butuh

butuh 역시 '필요하다', '필요로 하다'라는 의미의 조동사로 perlu와 비슷한 의미로 쓸 수 있습니다.

- **Mereka butuh bantuan pemerintah.**
  그들은 정부의 도움이 필요해요.
- **Kami akan butuh produk ramah lingkungan.**
  우리는 친환경 제품이 필요할 거예요.

③ perlu와 butuh의 차이

perlu는 단독으로 쓰일 수 있는 반면, butuh는 반드시 부가 표현이 함께 놓여야 합니다. 또한 perlu는 문어체, butuh는 구어체에서 주로 사용됩니다.

- **Ini perlu?** 이게 필요한가요?
- **Kamu butuh istilahat dulu.** 너는 우선 쉴 필요가 있어.

2. perlu 의문문 ~할 필요가 있나요?

① 필요 여부를 묻는 표현

필요 여부를 물을 때는 의문사 apakah를 사용하며 이는 생략 가능합니다. 또한 perlu에 -kah 접미사를 붙여 쓰면 질문의 느낌을 강조할 수 있고, 한층 격식을 갖추어 묻는 어감입니다. 유의어인 butuh 의문문 역시 쓰임이 같으며 주로 구어체에서 쓰입니다.

- **(Apakah) kamu perlu mengambil kuliah itu?**
  너는 그 수업을 들을 필요가 있니?
- **Perlukah kita datang ke sana?**
  우리가 거기로 갈 필요가 있을까요?

② 필요 여부에 대한 대답

perlu 의문문에 대한 긍정은 perlu, 부정은 belum과 tidak으로 대답할 수 있습니다.

A **(Apakah) kamu perlu uang ini?**
너는 이 돈이 필요하니?

B **Ya, perlu, saya mau membeli mantel baru.**
네, 필요해요. 새 코트를 사려고 해요.

Belum, saya masih belum perlu uang itu.
아직이요. 저 아직은 그 돈이 필요하지 않아요.

Tidak perlu, saya sudah dapat gaji hari ini.
필요 없어요. 전 오늘 월급을 받았어요.

필수 패턴

다음 문장을 세 번씩 따라 읽어 보세요.

사야 쁘를루 시시ㄹ
Saya perlu sisir.

까무 쁘를루 아빠
Kamu perlu apa?

까미 부뚜ㅎ 사뚜 잠 라기
Kami butuh 1 jam lagi.

하리 이니 쁘를루 라뽀란 안다
Hari ini perlu laporan Anda.

마샤라깟 므므를루깐 반뚜안 쁘므린따ㅎ
Masyarakat memerlukan bantuan pemerintah.

쁘를루까ㅎ 깔리안 이스띠라핫 스까랑
Perlukah kalian istirahat sekarang?

마하시스와 쁘를루 이꿋 우지안 밍구 드빤
Mahasiswa perlu ikut ujian minggu depan.

마샤라깟 쁘를루 믕구나깐 쁘로둑 라마ㅎ 링꿍안
Masyarakat perlu menggunakan produk ramah lingkungan.

끼따 수다ㅎ 띠닥 쁘를루 브르뜽까ㄹ 라기
Kita sudah tidak perlu bertengkar lagi.

한국어 뜻을 보고 인도네시아어로 따라 쓰고 빈칸에 알맞은 말을 써 보세요.

저는 빗이 필요해요.
Saya ______ sisir.

당신은 무엇이 필요한가요?
Kamu perlu ______?

우리는 한 시간이 더 필요해요.
Kami ______ 1 jam lagi.

오늘 당신의 보고서가 필요해요.
Hari ini perlu ______ Anda.

사회는 정부의 도움을 필요로 합니다.
Masyarakat memerlukan bantuan ______.

너희들 지금 쉴 필요가 있어?
Perlukah kalian ______ sekarang?

대학생은 다음 주 시험에 참여할 필요가 있어요.
Mahasiswa perlu ______ ujian minggu depan.

사회는 친환경 제품을 사용할 필요가 있어요.
Masyarakat perlu menggunakan produk ______.

우리는 이제 더 이상 싸울 필요가 없어요.
Kita sudah tidak perlu ______ lagi.

실전 회화

Track 02-3

리나 사야 쁘를루 반뚜안무 라기
Nate Lina, saya perlu bantuanmu lagi.

볼레ㅎ 아다 아빠
Lina Boleh, ada apa?

따디 사야 쪼바 믕이시 뿔사 등안 하뻬 따삐 띠닥 비사 뜨루ㅅ
Nate Tadi saya coba mengisi pulsa dengan HP, tapi tidak bisa terus.

이뚜 수다ㅎ 물라이 다리 끄마린 사야 주가 사마 스쁘르띠 까무
Lina Itu sudah mulai dari kemarin. Saya juga sama seperti kamu.

아빠까ㅎ 까무 마우 믕이시냐 랑숭 디 또꼬 사자
Nate Apakah kamu mau mengisinya langsung di toko saja?

바익 깔라우 브기뚜 스까랑 사자 끼따 끄 사나
Lina Baik, kalau begitu sekarang saja kita ke sana.

한국어 해석

네이트 리나야, 나는 또 너의 도움이 필요해.

리나 그래, 뭔데?

네이트 아까 휴대 전화로 통신 요금을 충전하려고 했는데 계속 안 되더라.

리나 그건 어제부터 그랬어. 나도 너처럼 그래.

네이트 그냥 가게에서 바로 충전할까?

리나 좋아. 그러면 우리 그냥 지금 거기로 가자.

인도네시아 문화 Tip!

인도네시아에서 단기간 체류하는 경우 로밍을 사용하기도 하지만, 번호가 있는 유심칩을 구매하여 선불 휴대 전화를 쓰기도 합니다. 로밍보다 저렴하고 현지에서 편하게 쓸 수 있다는 장점 때문에 현지 체류 시 많은 사람들이 선호합니다.

연습 문제

1. 녹음을 듣고 빈칸을 채워 넣어 올바른 문장을 만들어 보세요. Track 02-4

① Saya ________________ menunggu dia di sini.

② Dokumen ini ____________________.

③ Saya ________________________ lagi untuk mengerjakan PR.

④ Kami ________________ apa saja?

⑤ ________________ Anda datang hari ini?

2. 다음 보기 중 알맞은 조동사를 빈칸에 넣어 문장을 완성해 보세요.

보기 bisa / perlu / pernah

① Kota itu sedang __________ bantuan dari pemerintah.
그 도시는 정부의 도움이 필요합니다.

② Pemerintah __________ membantu masyarakat kapan saja.
정부는 언제든지 사회를 도울 수 있습니다.

③ Saya tidak __________ bertemu dengannya secara langsung.
저는 그와 직접적으로 만난 적이 없습니다.

정답

1. ① perlu ② sudah tidak perlu lagi ③ membutuhkan 30 menit ④ memerlukan ⑤ Perlukah
2. ① perlu ② bisa ③ pernah

Tolong cek teks ini.
이 본문 좀 확인해 주세요.

학습 목표

- minta 요청문에 대해 배워봅니다.
- silakan 권유문에 대해 배워봅니다.

새 단어

발음에 유의하며 다음 단어를 듣고 따라 말해 보세요. Track 03-1

인도네시아어	독음	뜻
pelan-pelan	쁠란-쁠란	천천히
berdoa	브르도아	기도하다
jawaban	자왑안	답, 답변
teks	떽ㅅ	글, 본문, 텍스트
berikut	브르이꿋	~의 다음에 오다
kesalahan	끄살라한	실수, 잘못
minuman	미눔안	음료
sempat	슴빳	여유가 있다, 기회가 있다
mengerti	믕으르띠	이해하다
berarti	브르아르띠	~을(를) 의미하다
menerima	므느리마	받다
bilang	빌랑	말하다
melanjutkan	믈란줏깐	계속하다
gudang	구당	창고
jendela	즌델라	창문

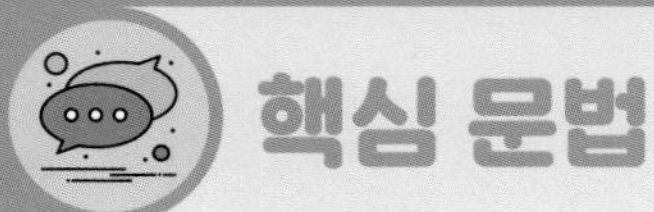

1. minta 요청문 ~해 주세요(요청)

① 요청 · 요구하는 경우

minta는 '요청하다'라는 의미의 동사로, 문장 가장 앞에 쓰이면 '~해 주세요'라는 뜻으로 정중한 요청문을 만듭니다.

- **Saya sudah minta bantuan pemerintah.**
  저는 이미 정부의 도움을 요청했습니다.
- **Minta ulangi lagi.** 다시 (말씀)해 주세요.
- **Minta pelan-pelan.** 천천히 (말씀)해 주세요.
- **Minta berdoa bersama untuk anankku.**
  우리 아이를 위해 함께 기도해 주세요.

② 유의어 tolong

tolong 역시 minta와 마찬가지로 '~해 주세요'라는 뜻의 정중한 요청문을 만듭니다. minta와 tolong은 비슷한 상황에 쓰일 수 있지만 특히 청자에게 도움을 청하는 경우나 비교적 활동이 많이 필요한 부탁에는 tolong이 자주 쓰입니다.

- **Tolong!** 도와주세요!
- **Tolong buka pintu gudang.** 창고 문 좀 열어주세요.
- **Tolong datang sekarang.** 지금 와 주세요.

③ minta와 tolong을 함께 쓰는 경우

minta tolong이라고 써서 '꼭 부탁해요'라는 의미의 도움을 요청하는 문장을 만들 수 있습니다.

- **Minta tolong.** 꼭 부탁해요.(꼭 도와주세요.)
- **Minta tolong sekali lagi.** 한번 더 부탁드려요.

2. silakan 권유문 ~해 보세요(권유) / ~해요, ~하세요(가벼운 명령)

① 권유하는 경우

silakan은 다양한 상황에서 무언가를 권유하는 어감을 나타냅니다. 문장 뒤에 ya 혹은 saja를 붙이면 한층 더 부드럽게 표현할 수도 있습니다. silakan 뒤에 동사를 써서 '~해 보세요'라는 의미로도 쓰입니다.

- Silakan **makan.** 드셔 보세요.
- Silakan **duduk di sini, ya.** 여기 앉으세요.
- Silakan **pulang.** 퇴근하세요.

② 가벼운 명령조로 말하는 경우

권유문에서 silakan을 생략하고 동사만 쓰게 될 경우 '~해요', '~하세요'와 같은 가벼운 명령조를 나타냅니다. 마찬가지로 문장의 뒤에 ya 혹은 saja를 붙이면 한층 더 부드럽게 표현할 수도 있습니다.

- **Tunggu di sini.** 여기서 기다려요.
- **Tidur di kamar ini, ya.** 이 방에서 주무세요.

③ 동사 + lah

동사 뒤에 -lah 접사를 붙여도 가벼운 명령조를 만들 수 있습니다. 주로 문어체에서 많이 쓰입니다.

- **Tulis**lah **jawabannya.** 답을 쓰시오.
- **Baca**lah **teks berikut.** 다음 이어지는 글을 읽으시오.

필수 패턴

다음 문장을 세 번씩 따라 읽어 보세요. Track 03-2

민따 이니 빠
Minta ini, Pak.

똘롱 뚜뚭 즌델라 이뚜
Tolong tutup jendela itu.

민따 똘롱 스까랑 야
Minta tolong sekarang, ya.

실라깐 쩩 라기
Silakan cek lagi.

실라깐 쪼바 난띠 소레
Silakan coba nanti sore.

민따 브르도아 운뚝 끌루아르가 끼따
Minta berdoa untuk keluarga kita.

바짤라ㅎ 할라만 브르이꿋
Bacalah halaman berikut.

따디 아다 끄살라한 똘롱 리핫 라기
Tadi ada kesalahan. Tolong lihat lagi.

민따 미눔안냐 둘루
Minta minumannya dulu.

한국어 뜻을 보고 인도네시아어로 따라 쓰고 빈칸에 알맞은 말을 써 보세요.

이걸로 주세요, 선생님.

______ ini, Pak.

그 창문을 좀 닫아 주세요.

______ tutup jendela itu.

지금 꼭 부탁드려요.

Minta tolong ______, ya.

다시 확인해 보세요.

______ cek lagi.

이따 오후에 해 보세요.

Silakan ______ nanti sore.

우리 가족을 위해 기도해 주세요.

Minta ______ untuk keluarga kita.

이어지는 페이지를 읽으시오.

______ halaman berikut.

아까 실수가 있었어요. 다시 봐 주세요.

Tadi ada ______. Tolong lihat lagi.

마실 것 먼저 주세요.

Minta ______ dulu.

실전 회화

Track 03-3

Andi
유카 아빠까ㅎ 스당 시북
Yuka, apakah sedang sibuk?
똘롱 반뚜 사야 지까 슴빳
Tolong bantu saya jika sempat.

Yuka
볼레ㅎ 끄나빠
Boleh, kenapa?

Andi
똘롱 쩩 떽ㅅ 이니 까르나 사야 띠닥 믕으르띠 바하사
Tolong cek teks ini. Karena saya tidak mengerti bahasa
즈빵
Jepang.

Yuka
오 야 이니 브르아르띠 므레까 수다ㅎ 므느리마 수랏 까무
Oh, ya. Ini berarti mereka sudah menerima surat kamu.
므레까 빌랑 실라깐 다땅 하리 스닌 운뚝 믈란줏깐
Mereka bilang silakan datang hari Senin untuk melanjutkan
디스꾸시냐
diskusinya.

Andi
오 브기뚜 야 뜨리마 까시ㅎ
Oh, begitu ya. Terima kasih.

한국어 해석

안디 유카야, 지금 바빠? 시간되면 나 좀 도와줘.

유카 응, 왜 그래?

안디 이 본문 좀 확인해 줘. 나는 일본어를 이해하지 못하거든.

유카 오, 응. 이건 그들이 이미 네 서류를 받았다는 뜻이야.
계속 논의하기 위해서 월요일에 오라고 그들이 말했어.

안디 오, 그렇구나. 고마워.

인도네시아 문화 Tip!

다민족 국가인 인도네시아에서 다른 인종이나 문화에 대한 개인적 견해를 섣불리 말하는 것은 큰 실례가 될 수 있습니다. 특히 중국계 화교와 말레이계 현지인들 사이의 생각 차이는 민감한 주제가 될 수 있으므로 유의해야 합니다.

연습 문제

1. 녹음을 듣고 빈칸을 채워 넣어 올바른 문장을 만들어 보세요. Track 03-4

① ______________ masuk saja.

② ______________ datang sekarang.

③ Kamu minta ______________ ini sampai jam berapa?

④ ______________ teks di bawah ini.

⑤ Mereka ______________ besok kita bisa bertemu.

2. 다음 보기의 단어를 빈칸에 알맞게 넣어 올바른 문장을 만들어 보세요.

보기 tutup / berdoa / coba

① Silakan ______________ pakai bajunya di sana.
저기서 옷을 입어 보세요.

② ______________ jendela itu.
그 창문을 닫으세요.

③ Tolong ______________ untuk anak saya.
제 아이를 위해 기도해 주세요.

정답

1. ① Silakan ② Minta tolong ③ materi ④ Bacalah ⑤ bilang
2. ① coba ② Tutup ③ berdoa

Mari kita makan dulu.

우리 식사부터 해요.

학습 목표

- mohon 요청문에 대해 배워봅니다.
- ayo / mari 청유문에 대해 배워봅니다.

새 단어

발음에 유의하며 다음 단어를 듣고 따라 말해 보세요.

Track 04-1

인도네시아어	독음	뜻
memberi	믐브리	주다
ampun	암뿐	용서
semangat	스망앗	파이팅, 의욕, 근성
masing-masing	마싱-마싱	각자
perhatian	쁘르하띠안	관심, 주목
saran	사란	충고
nasehat	나세핫	조언
masukan	마수깐	의견
janji	잔지	약속
hati-hati	하띠-하띠	조심하다
tanda tangan	딴다 땅안	사인, 서명
daya saing	다야 사잉	경쟁력
berhenti	브르흔띠	멈추다
meningkatkan	므닝깟깐	끌어올리다, 증가시키다

1. mohon 요청문 ~해 주십시오(정중한 요청)

① 정중하게 요청하는 경우

mohon은 문장의 가장 앞에 쓰여 정중한 어조로 무언가를 요청할 때 쓰입니다. 주로 공적인 상황에서 대화할 때 쓰입니다. 참고로 요청문, 명령문, 금지문에서는 타동사에 붙은 접두사가 탈락됩니다.

- **Mohon beri waktu lagi kepada saya.**
  저에게 시간을 더 주십시오.
- **Mohon izikan saya untuk bercuti minggu depan.**
  다음 주에 제 휴가를 허락해 주십시오.

② 유의어 minta, tolong

mohon, minta, tolong 세 표현 모두 무언가 요청하거나 부탁할 때 쓰여 비슷한 의미를 나타내지만 mohon이 가장 정중하게 부탁하는 어감이고, minta와 tolong은 큰 차이 없이 사용됩니다. 다만, mohon과 minta는 단순한 요청을 나타내는 반면, tolong은 도움을 필요로 하는 점을 강조합니다.

- **Mohon maaf.** 죄송합니다.
- **Minta maaf.** 죄송해요.

- **Mohon ampun kepadanya.** 그에게 용서를 구합니다.
- **Minta ampun kepadanya.** 그에게 용서를 구해요.

- **Mohon bantu saya.** 저를 도와주십시오. (단순한 요청)
- **Tolong bantu saya.** 저를 도와주세요. (도움이 필요함을 강조)

2. ayo / mari 청유문 (자,) ~합시다

① ayo 청유문

ayo는 '자, ~합시다'라는 의미로 다양한 상황에서 그 상황에 맞는 행동에 동참할 것을 상대에게 권할 때 쓰입니다. 상황에 따라 단독으로도 쓸 수 있습니다.

- **Ayo!** 해요! (가요, 먹어요, 쉬어요 등)
- **Ayo semangat! Sudah hampir sampai!**
  자, 힘내요! 거의 다 왔어요!

② mari 청유문

mari도 ayo와 거의 비슷한 상황에서 쓸 수 있습니다. 다만 ayo와 달리 단독으로 쓰일 때에는 '먼저 갈게요'라는 의미가 됩니다.

- **Mari!** 먼저 갈게요!
- **Mari kita bayar masing-masing.**
  우리 각자 계산해요.

③ ayo와 mari가 함께 쓰이는 경우

ayo와 mari는 '자, ~합시다'라는 의미로 한 문장에서 함께 쓰일 수 있습니다.

- **Ayo, mari bantu mereka!** 자, 그들을 도웁시다!
- **Ayo, mari kita mulai dari nol lagi.**
  자, 우리 0에서부터 다시 시작합시다.

필수 패턴

다음 문장을 세 번씩 따라 읽어 보세요.

까미 모혼 반뚜안 끌루아르가 안다
Kami mohon bantuan keluarga Anda.

모혼 쁘르하띠안 바빡-바빡 단 이부-이부
Mohon perhatian bapak-bapak dan ibu-ibu.

모혼 브리깐 사란 단 마수깐 안다
Mohon berikan saran dan masukan Anda.

아요 끼따 잔지 둘루
Ayo, kita janji dulu.

아요 하띠-하띠
Ayo, hati-hati!

아요 딴다 땅안 디 시니 야
Ayo, tanda tangan di sini, ya.

마리 띵깟깐 다야 사잉 운뚝 따훈 드빤
Mari tingkatkan daya saing untuk tahun depan.

마리 브르흔띠 둘루
Mari berhenti dulu.

마리 끼따 브르사마
Mari kita bersama.

한국어 뜻을 보고 인도네시아어로 따라 쓰고 빈칸에 알맞은 말을 써 보세요.

저희는 당신 가족의 도움을 요청합니다.
Kami ______ bantuan keluarga Anda.

신사 숙녀 여러분의 관심을 부탁드립니다.
Mohon ______ bapak-bapak dan ibu-ibu.

당신의 조언과 충고를 구합니다.
Mohon berikan saran dan ______ Anda.

자, 우리 약속부터 해요.
Ayo, kita ______ dulu.

자, 조심합시다!
Ayo, ______!

자, 여기에 사인해 주세요.
Ayo, ______ di sini, ya.

우리 내년을 위해 경쟁력을 키웁시다.
Mari tingkatkan ______ untuk tahun depan.

우선 멈춥시다.
Mari ______ dulu.

우리 같이 해요.
______ kita bersama.

실전 회화

Track 04-3

보ㅅ 모혼 이진깐 사야 운뚝 브끄르자 디나ㅅ

Andi Bos, mohon izinkan saya untuk bekerja dinas

빠다 하리 스닌 드빤

pada hari Senin depan.

운뚝 아빠

Atasan Untuk apa?

까르나 뻬떼 즈빵 잉인 브르비짜라 등안 까미 빠다 하리 이뚜

Andi Karena PT Jepang ingin berbicara dengan kami pada hari itu.

실라깐 똘롱 쩩 주가 아빠까ㅎ 므레까 잉인 믐블리

Atasan Silakan. Tolong cek juga apakah mereka ingin membeli

쁘로둑 까미

produk kami.

바익 빡

Andi Baik, Pak.

오까이 오 수다ㅎ 잠 마깐 시앙 야 마리 끼따 마깐 둘루

Atasan Okai. Oh, sudah jam makan siang ya. Mari kita makan dulu!

한국어 해석

안디 사장님, 다음 주 월요일에 외근을 허가해 주세요.

상사 무슨 일로요?

안디 즈빵 주식회사가 그날 저희와 이야기하길 원해서요.

상사 그러세요. 그들이 우리 제품을 사고 싶은지도 확인해 주세요.

안디 네, 사장님.

상사 좋아요. 오, 벌써 점심시간이네요. 우리 식사부터 해요!

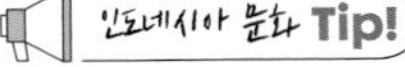

인도네시아에서도 비즈니스 상황에서는 격식체로 대화합니다. 높임말 체계가 우리나라처럼 세분화되어 있지는 않지만, 몇몇 단어로 격식체와 비격식체를 구분하여 사용합니다.

연습 문제

1. 녹음을 듣고 빈칸을 채워 넣어 올바른 문장을 만들어 보세요. Track 04-4

① Mohon berikan ______________ dan ______________.

② Ayo, baca lagi ___________ itu.

③ Minta maaf. Saya sudah ada _________ hari itu.

④ Mohon ______________ Anda sekalian.

⑤ Mari kita _______________ di sini.

2. 다음 보기 중 알맞은 단어를 빈칸에 넣어 문장을 완성해 보세요.

보기 mohon / tolong / mari

① ______________ izinkan saya untuk bercuti selama 3 hari.
3일간 휴가를 낼 수 있도록 허락해 주세요.

② ______________ kita berangkat bersama.
저희 내일 함께 출발해요.

③ ______________ bantu saya.
저를 도와주세요.

정답

1. ① saran / nasehat ② teks ③ janji ④ perhatian ⑤ berhenti dulu
2. ① Mohon ② Mari ③ Tolong

Di museum ini dilarang memotret.

이 박물관에서는 촬영이 금지되어 있어요.

학습 목표

- jangan 금지문에 대해 배워봅니다.
- dilarang 금지문에 대해 배워봅니다.

새 단어

발음에 유의하며 다음 단어를 듣고 따라 말해 보세요. Track 05-1

인도네시아어	독음	뜻
memotret	므모뜨렛	촬영하다, 사진을 찍다
berbohong	브르보홍	거짓말하다
membuang	믐부앙	버리다
sembarangan	슴바랑안	막, 아무렇게나
takut	따꿋	겁나다, 무섭다
merokok	므로꼭	흡연
parkir	빠르끼ㄹ	주차
jalan tol	잘란 똘	고속도로
perpustakaan	쁘르뿌스따까안	도서관
kebersihan	끄브르시한	청결
hadapan	하다빤	정면
licin	리찐	미끄럽다
bolos	볼로ㅅ	결석하다
tanpa	딴빠	~을(를) 제외하다

1. jangan 금지문 ~하지 마세요

① 행동을 금지함

jangan은 '~하지 마세요'라는 뜻으로 어떠한 행동을 금지할 때 쓰는 부정부사입니다. 단독으로도 사용이 가능합니다.

- **Jangan!** 하지 마!
- **Jangan berbohong padaku.** 내게 거짓말하지 마.

② 유의어 tidak boleh

허가를 의미하는 boleh에 부정부사 tidak을 붙이면 '~해서는 안 돼요'라는 뜻으로, jangan과 동일한 의미이면서 비교적 부드러운 금지 표현을 만들 수 있습니다.

- **Tidak boleh membuang sampah sembarangan.**
  아무 데나 쓰레기를 막 버려서는 안 돼요.
- **Tidak boleh membawa HP ke dalam tempat ujian.**
  시험장 안에 휴대 전화를 가져가면 안 돼요.

③ jangan의 활용 표현

jangan 뒤에 sampai를 붙이면 '~하지 않도록'이라는 의미로 이유를 나타낼 수 있습니다. 또한, jangan을 두 번 반복하면 '(아마) ~인 것 같다'라고 추측하는 표현을 만들 수 있습니다.

- **Kita harus rajin. Jangan sampai kalah lagi.**
  우리는 열심히 해야 해. 또 지지 않으려면.
- **Jangan-jangan beliau takut mendengar hal itu.**
  그분은 그 사건을 듣는 걸 겁내는 것 같았어요.

2. dilarang 금지문 ~금지, 금지되다

① 강한 금지 표현

dilarang은 '~금지', '금지되다'라는 뜻으로 강한 금지를 나타냅니다. 주로 안내 문구에서 금지 사항을 글로 게시할 때 쓰입니다.

- Dilarang **Merokok** 흡연 금지
- Dilarang **Parkir** 주차 금지

② 문장 안에서 쓰이는 경우

dilarang이 문장 안에서 쓰일 때는 '금지되다'라는 의미로 쓰입니다.

- **Motor** dilarang **masuk jalan tol.**
  오토바이는 고속도로 진입이 금지됩니다.
- Dilarang **berbicara di dalam perpustakaan.**
  도서관 안에서는 대화가 금지되어 있습니다.

③ 주의를 나타내는 또 다른 표현

금지 사항 외에 주의 사항을 안내할 때는 perhatian, 조심해야 할 사항을 안내할 때는 awas 혹은 hati-hati를 쓸 수 있습니다.

- Perhatian**. Jagalah kebersihan.**
  주의. 청결을 유지하시오.
- Awas**! Orang sedang bekerja di hadapan**
  위험! 정면에서 작업(공사) 중
- Hati-hati**! Lantai licin**
  조심! 바닥 미끄러움

필수 패턴

다음 문장을 세 번씩 따라 읽어 보세요.

장안 말라ㅅ 브끄르자
Jangan malas bekerja.

장안-장안 아깐 후잔 스븐따ㄹ 라기
Jangan-jangan akan hujan sebentar lagi.

장안 삼빠이 레왓 땅갈 두아 뿔루ㅎ
Jangan sampai lewat tanggal 20.

방운 스까랑 사자 장안 띠두ㄹ 라기
Bangun sekarang saja, jangan tidur lagi.

장안 볼로ㅅ 라기 딴빠 이진
Jangan bolos lagi tanpa izin.

딜라랑 므모뜨렛 디 달람 무세움
Dilarang memotret di dalam museum.

아와ㅅ 아다 안징 브사ㄹ 디 할라만 이뚜
Awas. Ada anjing besar di halaman itu.

쁘르하띠안 장안 믐부앙 삼빠ㅎ 디 시니
Perhatian. Jangan membuang sampah di sini.

하띠-하띠 돔뻿무 왁뚜 디 빠사ㄹ
Hati-hati dompetmu waktu di pasar.

한국어 뜻을 보고 인도네시아어로 따라 쓰고 빈칸에 알맞은 말을 써 보세요.

일을 게을리하지 말아요.
_______ malas bekerja.

잠시 후 비가 내릴 것 같아요.
_______ akan hujan sebentar lagi.

20일을 넘기지 않도록 하세요.
Jangan _______ lewat tanggal 20.

그냥 지금 일어나요. 다시 잠들면 안 돼요.
_______ sekarang saja, jangan tidur lagi.

허락없이 또 결석하지 마세요.
Jangan _______ lagi tanpa izin.

박물관 내에서는 사진 촬영이 금지됩니다.
_______ memotret di dalam museum.

위험해요. 그 마당에 큰 개가 있어요.
_______. Ada anjing besar di halaman itu.

경고. 이곳에 쓰레기를 버리지 마세요.
_______. Jangan membuang sampah di sini.

시장에 있을 때는 당신 지갑을 조심하세요.
_______ dompetmu waktu di pasar.

실전 회화

Track 05-3

리나 까무 믐바와 까메라냐
Nate Lina, kamu membawa kameranya?

띠닥 까르나 디 무세움 이니 수다ㅎ 딜라랑 므모뜨렛
Lina Tidak, karena di museum ini sudah dilarang memotret.

오 브기뚜
Nate Oh, begitu.

아요 끼따 마숙 사자
Lina Ayo, kita masuk saja.
하띠-하띠 야 란따이냐 리찐 디 시니
Hati-hati, ya. Lantainya licin di sini.

오까이 아꾸 이꿋 디 블라깡무
Nate Okai, aku ikut di belakangmu.

한국어 해석

네이트	리나야, 너 카메라 가져왔어?
리나	아니, 이 박물관에서는 촬영이 금지되어 있거든.
네이트	아, 그렇구나.
리나	자, 우리 들어가자. 조심해. 여기 바닥이 미끄러워.
네이트	응, 나는 네 뒤에서 따라갈게.

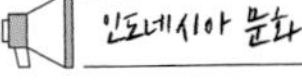

인도네시아는 바닥재로 타일을 주로 사용합니다. 따라서 실외 청소 시 바닥이 굉장히 미끄럽기 때문에 조심해야 하며, 실내에서는 한국과 마찬가지로 신발을 벗고 생활합니다.

연습 문제

1. 녹음을 듣고 빈칸을 채워 넣어 올바른 문장을 만들어 보세요. Track 05-4

① ________________ dompetmu!

② Kita ________________ berbicara di dalam perpustakaan.

③ Dilarang ________________.

④ ________________, ada anjing besar di sana.

⑤ ________________. Lantainya licin.

2. 다음 보기 중 알맞은 단어를 빈칸에 넣어 문장을 완성해 보세요.

보기 dilarang / awas / jangan

① ________________ buang samaph di jalan.
길에 쓰레기를 버리지 마세요.

② ________________! Jalan ini licin.
위험해! 이 길은 미끄러워.

③ ________________ Parkir
주차 금지

정답

1. ① Hati-hati ② tidak boleh ③ memotret ④ Awas ⑤ Perhatian
2. ① Jangan ② Awas ③ Dilarang

Pertunjukan kali ini lebih bagus daripada yang kemarin.

이번 전시가 지난번 전시보다 더 좋아요.

학습 목표

- 비교급 lebih … daripada에 대해 배워봅니다.
- 비교급 의문문에 대해 배워봅니다.

새 단어

발음에 유의하며 다음 단어를 듣고 따라 말해 보세요. Track 06-1

인도네시아어	독음	뜻
suara	수아라	말, 소리
merdu	므르두	(목소리가) 곱다
berisik	브리식	시끄럽다, 소란스럽다
sedikit	스디낏	조금
memilih	므밀리ㅎ	고르다, 뽑다
jas	자ㅅ	재킷
lengkap	릉깝	잘 갖추다, 완벽하다
harga	하르가	가격
kartu debit	까르뚜 데빗	체크 카드
cocok	쪼쪽	어울리다, 알맞다
tinggi	띵기	높다, 키가 크다
setuju	스뚜주	동의하다
lapar	라빠ㄹ	배고프다
cincin	찐찐	반지

1. 비교급 lebih … daripada

비교급 표현	뜻
A + lebih (형용사) daripada + B	A는 B보다 더 (형용사)하다

① 두 대상을 비교

lebih는 '더'라는 뜻이고 daripada는 비교급 '~보다'라는 뜻입니다. 이를 'A + lebih (형용사) daripada + B' 형식으로 함께 사용하여 두 대상을 비교할 수 있습니다.

- **Kota Seoul lebih besar daripada kota lain.**
  서울은 다른 도시보다 더 큽니다.
- **Suara hari ini lebih merdu daripada kemarin.**
  오늘 목소리가 어제보다 더 고와요.

② 구어체에서의 활용

일상 회화에서는 대화의 흐름상 daripada 뒤의 비교하는 대상을 이미 알고 있거나 강조하여 말하지 않아도 되는 경우에 이를 자주 생략하고 말합니다.

- **Cuaca hari ini lebih cerah (daripada kemarin).**
  오늘 날씨가 (어제보다) 더 맑아요.
- **Restoran itu lebih enak (daripada restoran ini).**
  저 식당이 (이 식당보다) 더 맛있어요.

③ 비교의 정도 표현

lebih 앞에 일부 형용사를 쓰면 비교 정도를 더욱 상세하게 나타낼 수 있습니다.

- **Suara Radio jauh lebih berisik daripada suara TV.**
  라디오 소리가 TV 소리보다 훨씬 더 시끄러워요.
- **Kondisi badan saya sedikit lebih baik daripada kemarin.**
  제 몸 컨디션은 어제보다 조금 더 나아요.

2. 비교급 의문문

비교급 의문 표현	뜻
yang mana lebih	어느 쪽이 더

① 여럿 중 하나를 묻는 경우

여러 대상 중 한 가지에 대해 의견을 물을 때는 'yang mana(어느 쪽)'에 'lebih(더)'를 붙여 나타냅니다. 의문 표현이므로 문장의 앞이나 뒤에 비교적 자유롭게 위치할 수 있습니다.

- **Bapak mau memilih jas yang mana?** 선생님은 어떤 재킷을 고르시겠어요?
- **Yang mana lebih enak?** 어떤 게 더 맛있어요?

② 비교급 의문문

비교급 문장 앞에 의문사 apakah만 붙여 그대로 의문문을 만들 수 있습니다. 다른 의문문과 마찬가지로 apakah는 생략할 수 있습니다.

- **(Apakah) celana ini lebih panjang daripada celana itu?**
  이 바지가 저 바지보다 더 긴가요?
- **(Apakah) mobil ini lebih mahal daripada motor?**
  이 자동차가 저 오토바이보다 더 비싼가요?

③ 선택에 대한 대답

yang 뒤에 ini나 itu를 넣어서 '이것' 또는 '저것'으로 간단하게 대답할 수도 있고, 어떠한 대상을 지칭하는지 구체적으로 나타낼 수도 있습니다.

- **Yang ini.** 이거요.
- **Saya lebih suka manis daripada hambar.**
  저는 싱거운 것보다 단 걸 더 좋아해요.

필수 패턴

다음 문장을 세 번씩 따라 읽어 보세요.

이니 르비ㅎ 바구ㅅ
Ini lebih bagus.

루마ㅎ 이니 르비ㅎ 릉깝 다리빠다 루마ㅎ 따디
Rumah ini lebih lengkap daripada rumah tadi.

하르가 이니 스디낏 르비ㅎ 마할
Harga ini sedikit lebih mahal.

므레까 르비ㅎ 라마 디 시니
Mereka lebih lama di sini.

빈땅 필름 이뚜 자우ㅎ 르비ㅎ 뜨르끄날
Bintang film itu jauh lebih terkenal.

사야 마우 믕암빌 양 이니 사자
Saya mau mengambil yang ini saja.

아빠까ㅎ 까르뚜 끄레딧 르비ㅎ 바냑 다리빠다 까르뚜 데빗
Apakah kartu kredit lebih banyak daripada kartu debit?

양 마나 르비ㅎ 쪼쪽 운뚝 바주 하리 이니
Yang mana lebih cocok untuk baju hari ini?

아빠까ㅎ 아딕무 르비ㅎ 띵기 다리빠다무
Apakah adikmu lebih tinggi daripadamu?

한국어 뜻을 보고 인도네시아어로 따라 쓰고 빈칸에 알맞은 말을 써 보세요.

이것이 더 좋아요.

Ini ______ bagus.

이 집이 아까 그 집보다 더 잘 갖추어져 있어요.

Rumah ini lebih lengkap ______ rumah tadi.

이 가격이 좀 더 비싸요.

______ ini sedikit lebih mahal.

그들이 여기에 더 오래 있었어요.

Mereka lebih ______ di sini.

그 영화배우가 훨씬 더 유명해요.

Bintang film itu jauh lebih ______.

저는 그냥 이걸로 가져갈게요.

Saya mau mengambil yang ini ______.

신용 카드가 체크 카드보다 더 많나요?

Apakah kartu kredit lebih banyak daripada ______?

어느 게 오늘 옷에 더 잘 어울리나요?

Yang mana lebih ______ untuk baju hari ini?

네 동생이 너보다 키가 크니?

______ adikmu lebih tinggi daripadamu?

실전 회화

Track 06-3

Andi
와 뻐르뚠주깐 깔리 이니 르비ㅎ 바구ㅅ 다리빠다
Wah, pertunjukan kali ini lebih bagus daripada
뻐르뚠주깐 끄마린 깐
pertunjukan kemarin, kan?

Yuka
스뚜주 깔리 이니 감바르냐 주가 르비ㅎ 바냑 야
Setuju, kali ini gambarnya juga lebih banyak, ya.

Andi
이야 깔라우 비사 아꾸 마우 다땅 끄 시니 스깔리 라기
Iya. Kalau bisa, aku mau datang ke sini sekali lagi.

Yuka
바구ㅅ 주가 깔라우 비사
Bagus juga kalau bisa.

Andi
야 깐 아 까무 마우 마깐 아꾸 라빠ㄹ 스깔리
Ya, kan? Ah, kamu mau makan? Aku lapar sekali.

Yuka
아꾸 주가 라빠ㄹ 스깔리 아요 마리 마깐
Aku juga lapar sekali. Ayo mari makan!

한국어 해석

안디 와, 이번 전시가 지난번 전시보다 더 좋아. 그렇지?

유카 동의해. 이번이 작품도 더 많았어.

안디 응, 가능하면 여기 한 번 더 오고 싶어.

유카 그렇게 된다면 좋지.

안디 그렇지? 아, 너 밥 먹을래? 나는 너무 배고파.

유카 나도 너무 배고파. 자, 먹으러 가자!

인도네시아 문화 Tip!

인도네시아도 카드 사용이 보편화되어 있지만, 현금을 쓸 일도 생각보다 많습니다. 특히 택시나 규모가 작은 가게에서는 단위가 큰 지폐로 지불하면 거스름돈을 제대로 받을 수 없는 경우가 생길 수 있기 때문에 미리 잔돈을 준비해두는 것이 좋습니다.

1. 녹음을 듣고 빈칸을 채워 넣어 올바른 문장을 만들어 보세요. Track 06-4

① Baju ini ______________ daripada baju itu.

② Ini ______________.

③ ______________ kamu mau makan?

④ Saya mau mengambil ______________ saja.

⑤ Kondisi badanku ______________ daripada kemarin.

2. 다음 단어를 배열하여 올바른 문장을 만들어 보세요.

① mau / kamu / membeli / mana? / yang
당신은 어떤 걸 사고 싶나요?

____

② ini / sedikit / mahal / cincin / lebih
이 반지가 조금 더 비싸요.

____

③ jauh / sepatu / dia / lebih / besar
그의 신발이 훨씬 더 커요.

____

정답

1. ① lebih cocok ② lebih mahal ③ Yang mana ④ yang ini ⑤ sedikit lebih baik
2. ① Kamu mau membeli yang mana? ② Cincin ini sedikit lebih mahal. ③ Sepatu dia jauh lebih besar.

Produk kami paling ringan di antaranya.

저희 제품이 이 중에 가장 가벼워요.

학습 목표

- 최상급 paling에 대해 배워봅니다.
- 최상급 의문문에 대해 배워봅니다.

새 단어

발음에 유의하며 다음 단어를 듣고 따라 말해 보세요.

Track 07-1

인도네시아어	독음	뜻
lucu	루쭈	귀엽다, 웃기다
menjual	믄주알	판매하다, 팔다
bagi	바기	~에게, 나누다
antara	안따라	~중에서
masalah	마살라ㅎ	문제
kompleks	꼼쁠렉ㅅ	단지, 복잡하다
ramah	라마ㅎ	친절하다
ramai	라마이	붐비다
pintar	삔따ㄹ	똑똑하다
kendaraan	끈다라안	교통수단
terasa	뜨라사	느껴지다
tentu	뜬뚜	당연하다
dunia	두니아	세상, 세계, 지구
muda	무다	어리다

1. 최상급 paling

최상급 표현	뜻
paling	가장 ~하다

① 최상급을 나타냄

paling은 '가장'이라는 의미로 뒤에 형용사를 붙여 '가장 ~하다'라는 의미의 최상급 표현을 만듭니다. 명사 뒤에 yang을 넣어서 최상급의 의미를 한층 더 강조할 수도 있습니다.

- **Kucing itu paling lucu.** 그 고양이가 제일 귀여워요.
- **Kami menjual produk yang paling bagus.**
  우리는 가장 좋은 제품을 판매합니다.

② 최상급 범위를 한정하는 경우

'di(~에서)', 'bagi(~에게)', 'di antara(~중에)' 등을 사용하여 대상이 어떤 범위 안에서 최상급을 나타내는지 한정할 수 있습니다.

- **Penyanyi itu paling terkenal di Korea.** 그 가수는 한국에서 가장 유명해요.
- **Masalah ini paling susah bagi saya.** 이 문제가 저에겐 가장 어렵네요.
- **Restoran ini paling murah di antara restoran di gedung ini.**
  이 식당이 이 건물 식당들 중에 가장 저렴합니다.

③ 비슷한 의미인 ter- 접사

paling과 같은 의미로 ter- 접사를 쓸 수 있습니다. 다만, 뒤이어 오는 단어가 ter로 시작되는 경우에는 ter- 접사 대신 paling으로만 최상급을 표현합니다.

- **Produk itu termahal di toko ini.** 그 제품은 이 가게에서 가장 비싸요.
- **Buku ini paling terkenal di antara buku novel.**
  이 책이 소설책 중에서 가장 유명해요. (ter- 접사 사용 불가)

2. 최상급 의문문

최상급 의문 표현	뜻
yang mana paling	어느 쪽이 가장

① 최상급인 대상을 묻는 경우

둘 이상의 선택지 중 정도가 가장 높은 것에 대해 물을 때 'yang mana(어느 쪽)'에 최상급 표현인 'paling(가장)'이나 tet- 접사를 붙여 나타냅니다.

- Yang mana paling **bagus?** 어느 쪽이 가장 좋아요?
- Yang mana ter**baru?** 어느 쪽이 최신인가요?

② 최상급 의문문

최상급도 비교급과 마찬가지로 앞에 의문사 apakah만 붙여서 그대로 의문문을 만들 수 있습니다. 다른 의문문과 마찬가지로 apakah는 생략할 수도 있습니다.

- (Apakah) **pulau Bali** paling **indah di Indonesia?**
  발리섬이 인도네시아에서 가장 아름다운가요?
- (Apakah) **rumah ini** ter**lengkap di kompleks ini?**
  이 집이 단지에서 가장 잘 갖춰져 있나요?

③ 최상급 의문문에 대한 대답

최상급 의문문에 대한 대답 역시 yang 뒤에 ini나 itu를 넣어서 '이것' 또는 '저것'으로 간단하게 대답할 수도 있고, 어떠한 대상을 지칭하는지 구체적으로 나타낼 수도 있습니다.

- Yang **ini.** 이거요.
- Yang itu **paling baru.** 저게 최신이에요.

필수 패턴

다음 문장을 세 번씩 따라 읽어 보세요.

구눙 할라 뜨르띵기 디 꼬레아 슬라딴
Gunung Halla tertinggi di Korea Selatan.

바빠 킴 빨링 라마ㅎ 빠다꾸
Bapak Kim paling ramah padaku.

마까난 디 레스또란 이니 빨링 에낙 바기 사야
Makanan di restoran ini paling enak bagi saya.

아짜라 따훈 이니 빨링 라마이
Acara tahun ini paling ramai.

하리 이니 빨링 항앗 디 안따라 밍구 이니
Hari ini paling hangat di antara minggu ini.

스빠뚜 이니 뜨르마할 디 안따라냐
Sepatu ini termahal di antaranya.

꾸찡 이뚜 뜨르끄찔 디 시니
Kucing itu terkecil di sini.

시아빠 양 빨링 삔따ㄹ 디 안따라 끌루아르가 까미
Siapa yang paling pintar di antara keluarga kami?

끈다라안 이니 뜨르바구ㅅ 디 꼬레아
Kendaraan ini terbagus di Korea.

한국어 뜻을 보고 인도네시아어로 따라 쓰고 빈칸에 알맞은 말을 써 보세요.

한라산은 남한에서 가장 높아요.

Gunung Halla ______ di Korea Selatan.

김 선생님은 제게 가장 친절해요.

Bapak Kim ______ ramah padaku.

저에겐 이 식당의 음식이 가장 맛있어요.

Makanan di restoran ini paling enak ______ saya.

올해 행사가 가장 붐볐습니다.

Acara tahun ini paling ______.

오늘은 이번 주 중에 가장 따뜻해요.

Hari ini paling hangat di ______ minggu ini.

이 신발이 이 중에서 제일 비싸요.

Sepatu ini ______ di antaranya.

그 고양이가 여기서 가장 작아요.

Kucing itu ______ di sini.

우리 가족 중에 누가 제일 똑똑한가요?

Siapa yang paling ______ di antara keluarga kami?

이 교통수단이 한국에서 가장 좋아요.

______ ini terbagus di Korea.

실전 회화

Track 07-3

마스 아빠까ㅎ 비사 믈리핫 쁘로둑 둘루
Andi Mas, apakah bisa melihat produk dulu?

야 실라깐 쁘로둑 양 이니 뜨르바루
Petugas Ya, silakan. Produk yang ini terbaru.
뜨루ㅅ 쁘로둑 까미 빨링 링안 디 안따라냐
Terus produk kami paling ringan di antaranya.

오 브나ㄹ 주가 쁘로둑 이니 뜨라사 자우ㅎ 르비ㅎ 링안
Andi Oh, benar juga. Produk ini terasa jauh lebih ringan.
까미 르비ㅎ 수까 므므산 스짜라 랑숭
Kami lebih suka memesan secara langsung.
비사 므므산 스까랑
Bisa memesan sekarang?

뜬뚜 사자 비사
Petugas Tentu saja bisa.

한국어 해석

안디 저기요, 제품을 먼저 볼 수 있을까요?

직원 네, 그러세요. 이 제품이 최신형이에요.
그리고 저희 제품은 다른 제품들 중에서 가장 가벼워요.

안디 오, 정말이네요. 이 제품이 훨씬 더 가볍게 느껴져요.
저희는 바로 주문하고 싶습니다.
지금 주문 가능할까요?

직원 당연히 가능합니다.

인도네시아 문화 Tip!

인도네시아의 결혼식은 한국에 비해 긴 시간 동안 진행됩니다. 부족마다 차이가 있지만 자오족의 경우 결혼식 날 신랑과 신부는 이른 아침부터 종일 손님을 맞고, 손님들은 각자 가능한 시간대에 방문하여 신랑 신부에게 축하 인사를 건넨 후 식사를 하며 행사를 즐깁니다.

연습 문제

1. 녹음을 듣고 빈칸을 채워 넣어 올바른 문장을 만들어 보세요. Track 07-4

① Yang mana paling ________________ di antaranya?

② Hari ini ________________ di antara minggu ini.

③ Ibu Kim ________________ bagi anaknya.

④ Produk ini ________________ di toko ini.

⑤ Penyanyi itu paling terkenal ________________.

2. 다음 단어를 배열하여 올바른 문장을 만들어 보세요.

① paling / cantik / mana / yang / ?
어떤 게 제일 예뻐요?

____

② lucu / paling / anakku / dunia / di
우리 아이는 세상에서 가장 귀여워요.

____

③ termuda / dia / di / kami / kelas
그가 우리 반에서 가장 어려요.

____

정답

1. ① ringan ② paling ramai ③ paling ramah ④ termahal ⑤ di dunia ini
2. ① Paling cantik yang mana?(= Yang mana paling cantik?) ② Anakku paling lucu di dunia.
③ Dia termuda di kelas kami.

Anda mau memesan produk ini sebanyak dengan kemarin?

당신은 저희 제품을 저번만큼 주문하실 건가요?

학습 목표

- 동급 sama … dengan에 대해 배워봅니다.
- 동급 의문문에 대해 배워봅니다.

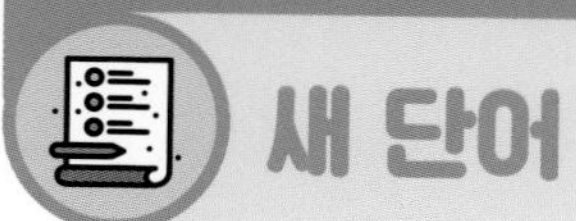

새 단어

발음에 유의하며 다음 단어를 듣고 따라 말해 보세요. Track 08-1

인도네시아어	독음	뜻
santai	산따이	여유롭다, 한가롭다
kelinci	끌린찌	토끼
domba	돔바	양
terang	뜨랑	밝다
kamar mandi	까마ㄹ 만디	욕실
ruang tamu	루앙 따무	응접실
gelap	글랍	어둡다
ruang keluarga	루랑 끌루아르가	거실
matahari	마따하리	해, 태양
dua-duanya	두아-두아냐	둘 다
nyaman	냐만	편안하다
kalung	깔룽	목걸이
anting	안띵	귀걸이
harga	하르가	가격
segera	스그라	바로, 곧

핵심 문법

1. 동급 sama … dengan

동급 표현	뜻
A + sama (형용사) dengan + B	A는 B와 같이 (형용사)하다

① 동급 표현

sama는 '같다'라는 뜻으로, 형용사와 함께 쓰이면 '똑같이 (형용사)하다'라는 표현을 만듭니다. '~와'라는 뜻의 dengan과 함께 'A + sama (형용사) dengan + B' 형식으로 쓰여 'A는 B와 같이 (형용사)하다'라는 의미를 나타냅니다. 구어체에서는 비교 대상을 생략하고 말할 수도 있습니다.

- **Anjing ini sama lucu dengan kucing itu.** 이 강아지는 저 고양이만큼 귀여워요.
- **Hari ini saya sama santai dengan atasannya.**
  오늘 저는 그 상사만큼 여유로워요.

② se- 접사를 이용한 동급 표현

sama의 축약 표현인 se- 접사도 sama … dengan과 같은 의미로 사용할 수 있습니다. 단, 이때는 dengan을 쓰지 않습니다.

- **Cuaca hari ini sedingin kemarin.** 오늘 날씨는 어제만큼 추워요.
- **Kelinci besar ini seberat domba kecil itu.**
  이 큰 토끼는 그 작은 양만큼 무거워요.

③ dan을 이용한 동급 표현

'~와(과)'라는 뜻인 dan을 써서 두 비교 대상을 나란히 놓고 동급을 나타낼 수도 있습니다.

- **Kafe ini dan kafe itu seenak.** 이 카페와 저 카페는 똑같이 맛있어요.
- **Pulau Bali dan pulau Jeju seindah.** 발리섬과 제주도는 똑같이 아름답습니다.

2. 동급 의문문

동급 의문 표현	뜻
yang mana sama	~만큼 (똑같이) ~하나요?

① 동급인 대상을 묻는 경우

둘 이상의 선택지 중 기준이 되는 대상과 동급인 것을 물을 때 'yang mana(어느 쪽)'에 동급 표현인 sama를 붙여 표현합니다.

- **Yang mana sama?** 어느 게 똑같나요?
- **Kamar yang mana sama terang dengan kamar mandi?**
  어느 방이 욕실만큼 밝나요?

② 동급을 활용한 의문문

최상급, 비교급과 마찬가지로 문장 앞에 의문사 apakah만 붙여서 그대로 의문문을 만들 수 있습니다. 다른 의문문과 마찬가지로 apakah는 생략할 수도 있습니다.

- **(Apakah) ruang tamu sama gelap dengan ruang keluarga?**
  응접실이 거실만큼 어두운가요?
- **(Apakah) matahari dan bulan sejauh dari dunia?**
  해와 달은 지구에서 똑같이 먼가요?

③ 동급 의문문에 대한 대답

sama 자체만으로도 '같다'라는 대답이 될 수 있으며, 'Dua-duanya(둘 다)'를 써서 두 가지 모두 어떠하다고 대답할 수 있습니다. 또한, 'ini(이것)' 또는 'itu(저것)'을 활용하여 보다 구체적으로 나타낼 수도 있습니다.

- **Sama.** 같아요.
- **Dua-duanya sama bagus.** 둘 다 좋아요.
- **Kamar ini sebersih kamar itu.** 이 방이 저 방만큼 깨끗해요.

필수 패턴

다음 문장을 세 번씩 따라 읽어 보세요. Track 08-2

이니 사마
Ini sama?

뜸빳 이니 사마 글랍
Tempat ini sama gelap.

하리 이니 사마 시북 스쁘르띠 끄마린
Hari ini sama sibuk seperti kemarin.

꾸찡 브사ㄹ 이니 스브랏 아낙 사삐
Kucing besar ini seberat anak sapi.

다깅 사삐 이니 스마할 다깅 깜빙 이뚜
Daging sapi ini semahal daging kambing itu.

로띠 디 도꼬 이니 스마니ㅅ 꾸에 이뚜
Roti di toko ini semanis kue itu.

소파 디 루앙 따무 스냐만 소파 디 루앙 끌루아르가
Sofa di ruang tamu senyaman sofa di ruang keluarga?

깔룽무 사마 바루 등안 깔룽꾸
Kalungmu sama baru dengan kalungku?

양 마나 사마 브사ㄹ 등안 안띵 이니
Yang mana sama besar dengan anting ini?

한국어 뜻을 보고 인도네시아어로 따라 쓰고 빈칸에 알맞은 말을 써 보세요.

이것이 같은가요?
Ini ______?

이 장소는 똑같이 어두워요.
Tempat ini sama ______.

오늘은 어제처럼 바빠요.
Hari ini sama sibuk ______ kemarin.

이 큰 고양이는 송아지만큼 무겁습니다.
Kucing besar ini ______ anak sapi.

이 소고기는 그 염소 고기만큼 비싸요.
Daging sapi ini ______ daging kambing itu.

이 가게의 빵은 그 케이크만큼 달아요.
Roti di toko ini ______ kue itu.

응접실의 소파는 거실의 소파만큼 편한가요?
Sofa di ______ senyaman sofa di ruang keluarga?

네 목걸이는 내 목걸이만큼 새 거야?
Kalungmu sama baru dengan ______?

어떤 게 이 귀걸이만큼 큰가요?
Yang mana sama besar dengan ______ ini?

실전 회화

Track 08-3

Petugas Apakah Bapak ingin memesan produk kami sebanyak kemarin?
(아빠까ㅎ 바빠 잉인 므므산 쁘로둑 까미 스바냑 끄마린)

Andi Ya, sama dengan kemarin. Tetapi, kami mau produk yang terbaru ini. Harganya berapa untuk satu?
(야 사마 등안 끄마린 뜨따삐 까미 마우 쁘로둑 양 뜨르바루 이니 하르가냐 브라빠 운뚝 사뚜)

Petugas Dua-duanya sama.
(두아-두아냐 사마)

Andi Oh, ya? Kalau begitu kami mau memesan lebih banyak.
(오 야 깔라우 브기뚜 까미 마우 므므산 르비ㅎ 바냑)

Petugas Baik, Pak. Kami akan segera mengirim.
(바익 빡 까미 아깐 스그라 믕이림)

한국어 해석

직원 선생님, 저희 제품을 지난번에 주문하신 만큼 주문하실 건가요?

안디 네, 지난번과 같아요. 그런데 저희는 이 최신 제품을 원해요.
하나당 가격은 얼마인가요?

직원 둘 다 같습니다.

안디 오, 그래요? 저희 그러면 더 많이 주문할게요.

직원 알겠습니다, 선생님. 저희가 바로 보내드리겠습니다.

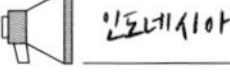

인도네시아 문화 Tip!

인도네시아의 장례문화 역시 한국과는 다릅니다. 이슬람교의 경우, 보통 사망한 당일 시신을 매장하는 방법으로 장례를 치르며, 이는 더운 날씨에 시신이 부패하는 것을 막기 위해 생긴 문화이기도 합니다.

1. 녹음을 듣고 빈칸을 채워 넣어 올바른 문장을 만들어 보세요. Track 08-4

① Apakah tas ini ________________ dengan tas itu?

② Dua-duanya ________________.

③ Mal Matahari seramai ________________?

④ Anak itu ________________ anak saya.

⑤ Suara yang mana ________________ penyanyi itu?

2. 한국어 해석을 보고 빈칸을 채워 올바른 문장을 만들어 보세요.

① Pekerjaan saya sama sibuk ____________ atasan saya.
제 업무는 상사만큼 바빠요.

② Ruang tamunya ______________ kamar saya.
응접실이 제 방만큼 편안해요.

③ Kelas kami dan kelas teman saya ___________ terang.
우리 교실과 제 친구의 교실은 똑같이 밝아요.

정답

1. ① sekecil ② sama tebal ③ mal ini ④ selucu ⑤ semerdu
2. ① dengan ② senyaman ③ sama

09과

Kepala saya juga agak sakit sekarang.

지금 저는 머리도 조금 아파요.

학습 목표

- 정도부사의 형용사 수식에 대해 배워봅니다.
- 정도부사가 쓰인 형용사 의문문에 대해 배워봅니다.

새 단어

발음에 유의하며 다음 단어를 듣고 따라 말해 보세요.

Track 09-1

인도네시아어	독음	뜻
kepala	끄빨라	머리
segar	스가ㄹ	신선하다
manfaat	만파앗	혜택, 이익
lelah	를라ㅎ	피곤하다
tenggorokan	뜽고로깐	목(구멍)
lembap	름밥	습하다
ganteng	간뜽	잘생기다
cantik	짠띡	예쁘다
kaku	까꾸	뻣뻣하다, 딱딱하다
kering	끄링	건조하다
gejala	그잘라	증상, 증세
batuk	바뚝	기침
demam	드맘	열이 나다
masuk angin	마숙 앙인	냉방병, 몸살

1. 정도부사의 형용사 수식

문장 구조		예시
tidak ~하지 않다 / agak 조금 / kurang 덜	+ 형용사 예 besar 크다	tidak besar 크지 않다 agak besar 조금 크다 kurang besar 덜 크다
cukup 충분한, 꽤 / sangat 매우 / terlalu 너무		cukup besar 충분히 크다 sangat besar 매우 크다 terlalu besar 너무 크다

① 부족한 정도를 수식

tidak, agak, kurang은 형용사의 정도가 부족하다는 의미를 내포하는 대표적인 부사들입니다.

- **Tugas saya tidak banyak.** 제 업무는 많지 않아요.
- **Kepala saya agak sakit.** 제 머리는 조금 아파요.
- **Kabarnya kurang baik.** 안부가 덜 좋아요. (별로 잘 지내지 못해요.)

② 넘치는 정도를 수식

cukup, sangat, terlalu는 형용사의 정도가 많다는 의미를 내포하는 대표적인 부사들입니다. 이 중sangat과 terlalu는 구어체에서 sekali로 바꿔 쓸 수 있습니다. 단, sekali는 형용사 뒤에 위치합니다.

- **Cuaca hari ini cukup lembap.** 오늘 날씨는 꽤 습해요.
- **Jus apel sangat segar.** 사과 주스는 아주 신선해요.
- **Teh hangat ini terlalu manis.** 이 따뜻한 차는 너무 달아요.
- **Musik baru itu berisik sekali.** 그 신곡은 너무 시끄러워요.

2. 정도부사가 쓰인 형용사 의문문

문장 구조	뜻
(Apakah) … + 정도부사 + 형용사	~은 얼마나 (형용사)한가요?
yang mana + 정도부사 + 형용사	어떤 게 얼마나 (형용사)한가요?

① 일반적으로 정도를 물을 때

정도부사가 쓰여 형용사의 정도를 나타내는 문장 역시 문장 앞에 의문사 apakah만 써주면 그대로 의문문이 됩니다. 다른 의문문과 마찬가지로 apakah는 생략할 수도 있습니다.

- **(Apakah) cuaca hari ini agak dingin juga?**
  오늘도 좀 추운가요?
- **(Apakah) sekarang terlalu gelap di luar?**
  지금 밖은 너무 어두운가요?
- **(Apakah) manfaat kartu ini cukup banyak?**
  이 카드는 혜택이 충분히 많나요?

② 특정 대상의 정도를 물을 때

'yang mana + 부사 + 형용사' 형태로 쓰여 어떤 대상이 얼마나 (형용사)한지 물을 수 있습니다. 비교 대상이 있을 때는 'daripada(~보다)'와 함께 쓸 수도 있습니다.

- **Yang mana tidak cukup?** 어떤 게 충분하지 않아요?
- **Yang mana agak besar lagi daripada ini?**
  어떤 게 이것보다 좀 더 큰가요?
- **Yang mana kurang asam daripada jeruk ini?**
  어떤 게 이 귤보다 덜 신가요?

필수 패턴

다음 문장을 세 번씩 따라 읽어 보세요.

즈룩 이니 꾸랑 마니ㅅ
Jeruk ini kurang manis.

사야 수다ㅎ 를라ㅎ 스깔리
Saya sudah lelah sekali.

뜽고로깐 사야 마시ㅎ 아각 사낏
Tenggorokan saya masih agak sakit.

쭈아짜 디 시니 쭈꿉 름밥
Cuaca di sini cukup lembap.

빈땅 필름 이뚜 간뜽 스깔리
Bintang film itu ganteng sekali.

바단 사야 까꾸 까르나 두둑 뜨를랄루 라마
Badan saya kaku karena duduk terlalu lama.

끄빨라 사야 수다ㅎ 띠닥 사낏
Kepala saya sudah tidak sakit.

꼬따 이뚜 상앗 끄링
Kota itu sangat kering.

양 마나 쭈꿉
Yang mana cukup?

한국어 뜻을 보고 인도네시아어로 따라 쓰고 빈칸에 알맞은 말을 써 보세요.

이 오렌지는 덜 달아요.
Jeruk ini ________ manis.

저는 이미 너무 피곤해요.
Saya sudah lelah ________.

제 목은 아직 조금 아파요.
________ saya masih agak sakit.

이곳의 날씨는 꽤 습해요.
Cuaca di sini ________ lembap.

그 영화배우는 정말 잘생겼어요.
Bintang film itu ________ sekali.

너무 오래 앉아있어서 몸이 뻐근해요.
Badan saya kaku karena duduk ________ lama.

저는 머리가 이제 아프지 않아요.
________ saya sudah tidak sakit.

그 도시는 정말 건조해요.
Kota itu sangat ________.

어떤 게 충분한가요?
Yang mana ________?

실전 회화

Track 09-3

슬라맛 시앙 사낏 아빠 야
Dokter Selamat siang. Sakit apa, ya?

시앙 독 사야 므라사 드맘 단 뜨를랄루 를라ㅎ 스작 띠가 하리 양 랄루
Lina Siang dok. Saya merasa demam dan terlalu lelah sejak 3 hari yang lalu.

아빠까ㅎ 아다 그잘라 바뚝 주가
Dokter Apakah ada gejala batuk juga?

스디낏 사자 끄빨라 사야 주가 아각 사낏 스까랑
Lina Sedikit saja. Kepala saya juga agak sakit sekarang.

스쁘르띠냐 마숙 앙인 하루ㅅ 이스띠라핫 쭈꿉 단 미눔 아이ㄹ 바냑
Dokter Sepertinya masuk angin. Harus istirahat cukup dan minum air banyak.

바익 독 뜨리마 까시ㅎ
Lina Baik, dok. Terima kasih.

한국어 해석

의사 안녕하세요. 어디가 아프신가요?

리나 안녕하세요, 선생님. 저는 열이 나고 3일 전부터 너무 피곤해요.

의사 기침 증상도 있나요?

리나 그냥 조금이요. 지금 저는 머리도 조금 아파요.

의사 냉방병인 것 같네요. 충분히 휴식하고 물을 많이 마셔야 해요.

리나 알겠습니다, 선생님. 감사합니다.

인도네시아 문화 Tip!

힌두교 신도가 많은 발리에서는 장례식이 행사와도 같습니다. 시신을 장식해 하늘 가까이에 닿을 수 있도록 높이 쌓은 후 그 뒤로 화려하게 꾸미고, 음식을 들고 따라가는 긴 행렬을 볼 수 있습니다.

연습 문제

1. 녹음을 듣고 빈칸을 채워 넣어 올바른 문장을 만들어 보세요. Track 09-4

① Saya ____________ hari ini.

② Cuaca hari ini ____________.

③ Apakah makanannya ____________?

④ Kondisi badan beliau ____________ daripada minggu lalu.

⑤ Jus apel di toko ini ____________.

2. 한국어 해석을 보고 빈칸을 채워 올바른 문장을 만들어 보세요.

① Kamar ini ____________ terang untuk belajar.
이 방은 공부하기에 충분히 밝아요.

② Mereka ____________ sibuk minggu lalu.
지난주에 그들은 많이 바쁘지는 않았어요.

③ Cuaca di Gwangju ____________ mendung ____________ cuaca di Seoul.
광주의 날씨는 서울의 날씨보다 덜 흐려요.

정답

1. ① lelah sekali ② terlalu lembap ③ sudah cukup ④ agak lebih baik ⑤ sangat segar
2. ① cukup ② tidak terlalu ③ kurang / daripada

Saya suka warna hijau.

저는 초록색을 좋아해요.

학습 목표

- 색깔을 나타내는 표현을 배워봅니다.
- suka 동사에 대해 배워봅니다.

새 단어

발음에 유의하며 다음 단어를 듣고 따라 말해 보세요. Track 10-1

인도네시아어	독음	뜻
muda	무다	(색이) 옅다, 어리다
tua	뚜아	(색이) 짙다, 늙다
hitam putih	히땀 뿌띠ㅎ	흑백
warna-warni	와르나 와르니	형형색색
pagar	빠가ㄹ	담장
bunga	붕아	꽃, 이자
pohon	뽀혼	나무
putih	뿌띠ㅎ	흰색
hitam	히땀	검정색
merah	메라ㅎ	빨강색
kuning	꾸닝	노랑색
biru	비루	파란색
hijau	히자우	초록색
ungu	웅우	보라색
cokelat	쪼끌랏	갈색
abu-abu	아부-아부	회색

1. 색깔을 나타내는 표현

① 색깔을 뜻하는 warna

'색'이라는 의미로 단독으로 쓸 수 있고, 색깔을 나타내는 단어 앞에 warna를 붙여서 표현하기도 합니다. 또한, 어떠한 색을 띠고 있는 상태를 말할 때는 'berwarna(색깔이 있다)'라고 합니다.

- **Warna pagar rumah saya putih.** 저희 집 담장 색은 하얘요.
- **Anjing saya berwarna abu-abu.** 저희 강아지는 회색이에요.

② 색의 농도를 표현하는 경우

'젊다'라는 의미의 muda는 '(색이) 옅다'라는 뜻이 있으며, '늙다'라는 의미의 tua는 '(색이) 짙다'라는 뜻이 있습니다. 색깔을 나타내는 단어 뒤에 붙여 쓰며, 예를 들어 연노란색은 kuning muda, 진노란색은 kuning tua라고 합니다.

- **Saya ingin membeli mobil merah muda.** 저는 분홍색 차를 사고 싶어요.
- **Warna kemeja itu ungu tua.** 그 셔츠의 색은 진한 보라색입니다.

③ '흑백'과 '형형색색'

흑백은 말 그대로 'hitam(검은색)'과 'putih(흰색)'를 결합하여 hitam putih라고 표현하고, 다양한 색이 섞여 있는 것은 'warna-warni(형형색색)'라고 표현합니다.

- **Foto nenek dan kakek hitam putih.**
  할아버지와 할머니의 사진은 흑백입니다.
- **Di taman ada banyak bunga yang warna-warni.**
  공원에는 색색의 꽃들이 많이 있습니다.

2. suka 동사 (~하기를) 좋아하다

① 좋아하는 것을 나타냄

동사 suka 뒤에 명사를 붙인 'suka + 명사' 형태로 쓰여 '(~하기를) 좋아하다'라는 의미를 나타낼 수 있습니다.

- **Saya suka warna hijau muda.** 저는 연두색을 좋아해요.
- **Keluarga saya suka makanan Indonesia.**
  우리 가족은 인도네시아 음식을 좋아해요.

② 좋아하는 행동을 나타냄

동사 suka 뒤에 '~하는 것'이라는 의미의 동명사를 써서 어떠한 행동을 좋아하는지 나타낼 수 있습니다.

- **Ayah saya suka berjalan-jalan.**
  아버지는 산책하는 것을 좋아하세요.
- **Kamu suka berbelanja di mal itu?**
  당신은 그 백화점에서 쇼핑하는 걸 좋아하나요?

③ 성격이나 경향을 나타냄

suka는 감정이나 성격을 나타내는 표현 등 일부 동사와 함께 쓰여 '잘 ~하다', '~하는 경향이 있다'라는 의미를 나타내기도 합니다.

- **Anak saya suka membantu orang lain.**
  제 아이는 다른 사람을 잘 도와요.
- **Dia suka marah, jadi takut berbicara dengannya.**
  그는 화를 잘 내서, 그와 이야기하기 겁나요.

필수 패턴

다음 문장을 세 번씩 따라 읽어 보세요.

사야 빨링 수까 와르나 웅우
Saya paling suka warna ungu.

쁘만당안 무심 구구ㄹ 브르와르나-와르니
Pemandangan musim gugur berwarna-warni.

필름 이뚜 히땀 뿌띠ㅎ 까르나 필름 슴빌란 블라ㅅ 리마 뿔루ㅎ안
Film itu hitam putih karena film 1950-an.

오랑 이뚜 수까 브르보홍 끄빠다 뜨만냐
Orang itu suka berbohong kepada temannya.

디아 수까 끄 마나 사자 왁뚜 하리 밍구
Dia suka ke mana saja waktu hari Minggu.

아따산 사야 수까 루빠 나마 오랑 라인
Atasan saya suka lupa nama orang lain.

바주 양 바루 이뚜 브르와르나 비루 뚜아
Baju yang baru itu berwarna biru tua.

와르나 꾸찡 루쭈 이뚜 뿌띠ㅎ
Warna kucing lucu itu putih.

빠가ㄹ 루마ㅎ 양 바루 이뚜 브르와르나 비루 무다
Pagar rumah yang baru itu berwarna biru muda.

한국어 뜻을 보고 인도네시아어로 따라 쓰고 빈칸에 알맞은 말을 써 보세요.

저는 보라색을 가장 좋아해요.

Saya paling suka warna ______.

가을의 경치는 형형색색이에요.

Pemandangan musim gugur ______.

그 영화는 1950년대 영화라서 흑백이에요.

Film itu ______ karena film 1950-an.

그 사람은 친구에게 거짓말을 잘 해요.

Orang itu ______ berbohong kepada temannya.

그는 일요일에 어디든 가는 걸 좋아해요.

Dia suka ke ______ waktu hari Minggu.

제 상사는 다른 사람의 이름을 잘 잊어버려요.

Atasan saya suka ______ nama orang lain.

그 새 옷은 남색이에요.

Baju yang baru itu berwarna ______.

그 귀여운 고양이는 흰색이에요.

Warna kucing lucu itu ______.

그 새 집의 담장은 하늘색이에요.

______ rumah yang baru itu berwarna biru muda.

실전 회화

Track 10-3

유카 까무 수까 와르나 아빠
Andi Yuka, kamu suka warna apa?

사야 수까 와르나 히자우 마까냐 사야 수까 바주 히자우
Yuka Saya suka warna hijau. Makanya saya suka baju hijau.
뭉낀 까무 수까 와르나 메라ㅎ 야
Mungkin kamu suka warna merah, ya?

야 사야 수까 와르나 메라ㅎ 단 주가 수까 와르나 웅우
Andi Ya, saya suka warna merah dan juga suka warna ungu.

오 와르나 웅우 주가 쪼쪽 등안 까무
Yuka Oh, warna ungu juga cocok dengan kamu.

하하 마까시ㅎ 야
Andi Haha. Makasih, ya.

한국어 해석

안디 유카야, 넌 무슨 색을 좋아해?

유카 난 초록색을 좋아해. 그래서 초록색 옷도 좋아해.
아마 넌 빨간색을 좋아하는 것 같은데, 그렇지?

안디 응, 난 빨간색을 좋아하고 보라색도 좋아해.

유카 오, 보라색도 너와 어울린다.

안디 하하. 고마워.

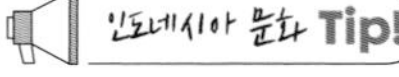

인도네시아에서는 생일파티 같은 행사가 있을 때 강황을 넣은 노란 밥을 고깔 모양으로 세우고 주변에 반찬을 빙 둘러놓은 전통 음식을 내놓습니다. 'Tumpeng(뚬뻥)'이라고 불리는 이 음식을 다같이 나누어 먹으며 그날을 기념합니다.

1. 녹음을 듣고 빈칸을 채워 넣어 올바른 문장을 만들어 보세요. Track 10-4

① Warna mobil saya ______________________.

② Saya suka baju ______________________.

③ Kamu mau ______________________?

④ Orang itu ________________.

⑤ Kita paling suka buku ________________ itu.

2. 한국어 해석을 보고 빈칸을 채워 올바른 문장을 만들어 보세요.

① Anak itu paling suka ________________.
그 아이는 빨간색을 가장 좋아해요.

② Warna pohon ini ________________.
이 나무의 색은 진한 갈색이에요.

③ Baju yang mahal itu ________________.
그 비싼 옷은 연두색입니다.

정답

1. ① kuning muda ② berwarna-warni ③ warna yang mana ④ suka lupa ⑤ warna hijau
2. ① warna merah ② cokelat tua ③ hijau muda

Saya sering ke sana dengan keluarga saya.

저는 가족들과 자주 그곳에 가요.

학습 목표

- 빈도부사에 대해 배워봅니다.
- 빈도 및 횟수를 묻고 답하는 표현에 대해 배워봅니다.

새 단어

발음에 유의하며 다음 단어를 듣고 따라 말해 보세요. Track 11-1

인도네시아어	독음	뜻
gunung	구눙	산
halaman golf	할라만 골ㅍ	골프장
bioskop	비오스꼽	영화관
mampir	맘삐ㄹ	들르다
berkunjung	브르꾼중	방문하다
kali	깔리	번, 차례
bencana	븐짜나	재해
alam	알람	자연
membersihkan	믐브르시ㅎ깐	청소하다
luar kota	루아ㄹ 꼬따	시외, 교외
mengobrol	믕오브롤	담소를 나누다
memang	메망	물론, 정말
pijat	삐잣	마사지
warung	와룽	노점 식당

핵심 문법

1. 빈도부사

빈도 표현		예시
tidak 안 하다 jarang 드문 kadang-kadang 가끔 sering 자주 selalu 항상	+ 동사 예 makan 먹다	tidak makan 안 먹다 jarang makan 거의 안 먹다 kadang-kadang makan 가끔 먹다 sering makan 자주 먹다 selalu makan 항상 먹다

① 활동의 빈도를 나타낼 때

동사 앞에 빈도부사를 넣어서 활동의 빈도를 다양하게 나타낼 수 있습니다.

- **Saya tidak naik gunung.** 저는 등산을 하지 않아요.
- **Kami jarang berkunjung ke rumah paman.**
  우리는 삼촌 집에 거의 방문하지 않아요.
- **Dia kadang-kadang bermain golf di halaman golf.**
  그는 가끔 골프장에서 골프를 쳐요.
- **Adikku sering menonton film di bioskop.**
  제 동생은 영화관에서 자주 영화를 봐요.
- **Ibu selalu mampir ke sekolah untuk mengantar anaknya.**
  어머니는 아이를 데려다 주기 위해 항상 학교에 들러요.

② 빈도부사의 활용

빈도부사는 시제 표현이나 부정사 등과 함께 쓰여 의미를 더욱 확장시킬 수 있습니다.

- **Kami sudah jarang bertemu karena sibuk.**
  저희는 바빠서 이제 거의 만나지 않아요.
- **Kalian harus sering mampir ke sini.**
  너희 꼭 여기에 자주 들러야 해.
- **Ayah saya selalu ingin menjemput saya.**
  저희 아버지는 항상 저를 마중 나오고 싶어 하세요.

2. 빈도 및 횟수 묻고 답하기

빈도·횟수 표현	문장 구조
berapa sering 얼마나 자주	① (주기 +) berapa sering ② berapa sering ··· (dalam + 주기)
berapa kali (주기에) 몇 번	① (주기 +) berapa kali ② berapa kali ··· (dalam + 주기)

① 빈도 및 횟수를 물을 때

빈도에 대해 물을 때는 '얼마나 자주'라는 뜻인 berapa sering을 사용하고 발생하는 횟수에 대해 물을 때는 '몇 번'이라는 뜻인 berapa kali를 사용합니다. 빈도나 횟수를 묻을 때는 문장 앞에 기준이 되는 주기를 넣거나 문장 끝에 'dalam + 주기'를 넣어서 기간을 한정할 수 있습니다.

- **Sehari berapa sering dia berkunjung ke kantin?**
  그는 하루에 얼마나 자주 매점에 방문하나요?
- **Berapa sering kamu mampir untuk anakmu?**
  당신은 아이를 위해 얼마나 자주 들르나요?
- **Sudah berapa kali terjadi bencana alam di sini?**
  이곳에 이미 자연재해가 몇 번 발생했나요?
- **Mereka bertemu berapa kali dalam seminggu?**
  그들은 일주일에 몇 번 만나나요?

② 빈도 및 횟수에 대해 대답할 때

횟수를 말하며 빈도를 답할 때 주기가 횟수 앞에 오면 dalam을 생략하고, 횟수 뒤에 오면 dalam을 생략하지 않습니다.

- **Orang tuaku naik gunung sebulan 2 kali.**
  우리 부모님은 한 달에 두 번 등산하세요.
- **Di sini terjadi bencana 3 kali dalam setahun.**
  이곳은 1년간 재해가 세 번 발생했어요.

필수 패턴

다음 문장을 세 번씩 따라 읽어 보세요.

므레까 띠닥 믐브르시ㅎ깐 까마ㄹ 삼빠이 스까랑
Mereka tidak membersihkan kamar sampai sekarang.

까미 자랑 므므산 로띠 디 또꼬 이뚜
Kami jarang memesan roti di toko itu.

까르야완 이뚜 까당-까당 브끄르자 디나ㅅ 끄 루아ㄹ 꼬따
Karyawan itu kadang-kadang bekerja dinas ke luar kota.

끌루아르가 까미 스링 믕오브롤 브르사마
Keluarga kami sering mengobrol bersama.

메망 디아 슬랄루 다빳 삐잣 디 또꼬 이뚜
Memang dia selalu dapat pijat di toko itu.

브라빠 스링 깔리안 마깐 디 와룽 이뚜
Berapa sering kalian makan di warung itu?

까미 스링 마깐 디 와룽 이뚜 까르나 무라ㅎ
Kami sering makan di warung itu karena murah.

스불란 브라빠 깔리 까무 브르꾼중 끄 루마ㅎ 네넥
Sebulan berapa kali kamu berkunjung ke rumah nenek?

까미 브르꾼중 끄 루마ㅎ 네넥냐 스불란 두아 깔리
Kami berkunjung ke rumah neneknya sebulan 2 kali.

한국어 뜻을 보고 인도네시아어로 따라 쓰고 빈칸에 알맞은 말을 써 보세요.

그들은 지금까지 방을 청소하지 않았어요.
Mereka tidak membersihkan kamar ________.

우리는 그 가게에서 거의 빵을 주문하지 않아요.
Kami ________ memesan roti di toko itu.

그 직원은 가끔 시외로 출장가요.
Karyawan itu ________ bekerja dinas ke luar kota.

우리 가족은 자주 함께 담소를 나눠요.
Keluarga kami ________ mengobrol bersama.

물론 그는 그 가게에서 항상 마사지를 받아요.
Memang dia ________ dapat pijat di toko itu.

너희는 얼마나 자주 그 노점에서 먹니?
________ sering kalian makan di warung itu?

우리는 저렴해서 자주 그 노점에서 먹어요.
Kami sering makan di ________ itu karena murah.

당신은 한 달에 몇 번 할머니 댁에 가나요?
________ kamu berkunjung ke rumah nenek?

저와 가족들은 한 달에 두 번 할머니 댁에 방문해요.
Kami berkunjung ke rumah neneknya ________.

실전 회화

Track 11-3

Nate 리나 까무 쁘르나ㅎ 브르꾼중 끄 따만 바루 이뚜
Lina, kamu pernah berkunjung ke taman baru itu?

Lina 야 사야 스링 끄 사나 등안 끌루아르가 사야
Ya, saya sering ke sana dengan keluarga saya.
뭉낀 까무 주가 빠스띠 수까 까무 슬랄루 나익 스뻬다 깐
Mungkin kamu juga pasti suka. Kamu selalu naik sepeda, kan?

Nate 메망 디 사나 바구ㅅ 운뚝 나익 스뻬다 야
Memang di sana bagus untuk naik sepeda, ya?

Lina 이야 뜸빳냐 루아ㅅ 스깔리
Iya, tempatnya luas sekali.

Nate 사야 마우 쪼바 끄 사나 하리 이니
Saya mau coba ke sana hari ini.

한국어 해석

네이트 리나야, 너는 그 새로운 공원에 가 봤니?

리나 응, 나는 가족들과 자주 그곳에 가.
아마 너도 분명히 좋아할 거야. 너는 항상 자전거를 타잖아?

네이트 거기 정말 자전거 타기에 좋은가 보네?

리나 응, 공간이 아주 넓어.

네이트 나 오늘 거기 한번 가 봐야겠다.

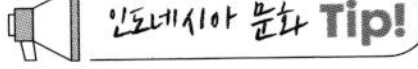

인도네시아에는 다양한 대중교통이 있습니다. 경전철, 버스, 기차 외에 오토바이 택시도 주요 교통수단입니다. 도로 정체가 심하고, 노선이 한정적인 다른 교통수단들과 달리 오토바이 택시는 어디든 편하게 갈 수 있다는 장점이 있어 많은 사람들이 이용합니다.

연습 문제

1. 녹음을 듣고 빈칸을 채워 넣어 올바른 문장을 만들어 보세요. Track 11-4

① ________________ kamu makan makanan Korea?

② Keluarga saya ________________ rumah bersama.

③ Kamu menonton film di bioskop ______________________?

④ Kami ________________ bertemu karena terlalu sibuk.

⑤ Kami ________________ mampir ke toko itu waktu pulang.

2. 한국어 해석을 보고 빈칸을 채워 올바른 문장을 만들어 보세요.

① Saya dapat pijat sebulan ______________ jika sempat.
시간이 되면 저는 한 달에 한 번씩 마사지를 받아요.

② Ayah dan ibu ______________ sarapan bersama.
아버지와 어머니는 항상 함께 아침 식사를 하세요.

③ Saya ______________________ naik sepeda di taman.
저는 가끔 공원에서 자전거를 타요.

정답

1. ① Berapa sering ② membersihkan ③ sebulan berapa kali ④ sudah jarang ⑤ kadang-kadang
2. ① sekali ② selalu ③ kadang-kadang

Kamu akan ke mana waktu tanggal merah ini?

당신은 이번 공휴일에 어디에 갈 거예요?

학습 목표

- 시간 접속사 saat / waktu / ketika에 대해 배워봅니다.
- 시간 접속사 sambil에 대해 배워봅니다.

새 단어

발음에 유의하며 다음 단어를 듣고 따라 말해 보세요.

Track 12-1

인도네시아어	독음	뜻
tanggal merah	땅갈 메라ㅎ	공휴일
lembur	름부ㄹ	야근
wisatawan	위사따완	관광객
benar	브나ㄹ	올바르다, 옳다
menyikat gigi	므늬깟 기기	양치질하다
tersenyum	뜨르스늄	미소 짓다
ketua kelas	끄뚜아 끌라ㅅ	반장
menangis	므낭이ㅅ	울다
berkeringat	브르끄링앗	땀을 흘리다
kaus kaki	까우ㅅ 까끼	양말
tertawa	뜨르따와	웃다
mengangkat	믕앙깟	들다
kopi	꼬삐	커피
muncul	문쭐	나타나다, 떠오르다

1. 시간 접속사 saat / waktu / ketika ~(할) 때

① 동시간대에 일어난 일들을 나타냄

'~(할) 때'라는 뜻으로 같은 시간에 일어난 일들을 말하는 경우에 시간 접속사인 saat, waktu, ketika를 씁니다. 세 단어 모두 의미는 비슷하지만 saat과 waktu는 구어체에서, ketika는 문어체에서 더 자주 쓰이는 편입니다.

- **Saya sudah pulang ke Korea saat dia tinggal di Indonesia.**
  그가 인도네시아에 살 때 저는 이미 한국에 돌아와 있었어요.
- **Anak sudah menunggu saya waktu saya sampai ke sekolahnya.**
  제가 학교에 도착했을 때 아이는 저를 기다리고 있었습니다.
- **Ayah masih bekerja lembur ketika kami makan malam.**
  우리가 저녁 식사할 때 아버지는 아직 야근 중이셨어요.

② 시간 접속사가 앞 절에 올 때

시간 접속사가 쓰인 문장이 앞 절에 놓이는 경우, 앞 절의 끝에 쉼표를 넣어서 뒤의 내용과 구분해야 합니다.

- **Saat kami menikah, cuaca juga sangat cerah.**
  우리가 결혼할 때, 날씨도 굉장히 맑았어요.
- **Waktu musim gugur datang, banyak wisatawan berkunjung ke Korea.**
  가을이 왔을 때, 많은 관광객들은 한국에 방문합니다.
- **Ketika membaca, kita harus duduk dengan benar.**
  책을 읽을 때, 우리는 올바르게 앉아야 합니다.

2. 시간 접속사 sambil ~하면서, ~하는 동안

① 동시동작을 나타냄

하나의 주어가 동시에 두 가지 이상의 일을 할 때 '~하면서', '~하는 동안'이라는 의미의 동시동작 접속사인 sambil을 씁니다.

- **Saya menyikat gigi sambil menonton TV.**
  저는 텔레비전을 보면서 양치했어요.
- **Ketua kelas itu berbicara sambil tersenyum.**
  그 반장은 미소 지으며 말했어요.

② 중복되는 주어 생략 가능

sambil은 주로 앞뒤 동사의 주어가 같을 때 사용하므로, sambil 뒤에 오는 주어는 중복되어 생략할 수 있습니다.

- **Kami makan sambil (kami) mengobrol bersama.**
  우리는 같이 이야기하면서 (우리는) 먹었습니다.
- **Adikku menunggu teman sambil (adikku) menelepon.**
  내 동생은 통화를 하면서 (내 동생은) 친구를 기다리고 있어요.

③ sambil이 앞 절에 올 때

sambil이 쓰인 문장이 앞 절에 올 경우, 앞 절의 끝에 쉼표를 넣어서 뒤의 내용과 구분해야 합니다. 이때도 sambil 뒤의 주어만 생략 가능합니다.

- **Sambil menangis, dia lembur.** 울면서, 그는 야근했어요.
- **Sambil bermain tenis, saya berkeringat banyak.**
  테니스를 치면서, 저는 땀을 많이 흘려요.

필수 패턴

다음 문장을 세 번씩 따라 읽어 보세요.

사야 블룸 므니까ㅎ 왁뚜 브끄르자 디 루아ㄹ 느그리
Saya belum menikah waktu bekerja di luar negeri.

사야 루빠 므마까이 까우ㅅ 까끼 왁뚜 쁘르기
Saya lupa memakai kaus kaki waktu pergi.

끄띠까 까깍꾸 뜨르따와 아꾸 띠닥 비사 믄등아ㄹ 수아라 티피
Ketika kakakku tertawa, aku tidak bisa mendengar suara TV.

까미 뜨르따와 사앗 바하기아
Kami tertawa saat bahagia.

끄빨라 사야 사낏 사앗 므눙구 아야ㅎ 디 루아ㄹ
Kepala saya sakit saat menunggu ayah di luar.

아딕 사야 브르끄링앗 삼빌 믕앙깟 바랑 브랏 이뚜
Adik saya berkeringat sambil mengangkat barang berat itu.

무리ㄷ 이뚜 믕앙깟 땅안 삼빌 잉인 브르따냐
Murid itu mengangkat tangan sambil ingin bertanya.

마리 브르비짜라 디 까페 삼빌 미눔 꼬삐
Mari berbicara di kafe sambil minum kopi.

사야 므논똔 필름 삼빌 마깐 폽콘
Saya menonton film sambil makan popcorn.

한국어 뜻을 보고 인도네시아어로 따라 쓰고 빈칸에 알맞은 말을 써 보세요.

해외에서 일할 때 저는 아직 미혼이었어요.
Saya belum menikah ______ di luar negeri.

저는 갈 때 양말 신는 걸 잊어버렸어요.
Saya lupa memakai ______ waktu pergi.

우리 언니가 웃을 때, 저는 텔레비전 소리를 들을 수 없었어요.
______, aku tidak bisa mendengar suara TV.

우리는 행복할 때 웃어요.
Kami tertawa ______ bahagia.

밖에서 아버지를 기다렸을 때 저는 머리가 아팠어요.
Kepala saya sakit saat ______ ayah di luar.

제 동생은 그 무거운 물건을 들면서 땀을 흘려요.
Adik saya berkeringat ______ barang berat itu.

그 학생은 질문하고 싶어 하며 손을 들었어요.
Murid itu ______ tangan sambil ingin bertanya.

우리 커피 마시면서 카페에서 이야기해요.
Mari ______ di kafe sambil minum kopi.

저는 팝콘을 먹으면서 영화를 봐요.
Saya ______ film sambil makan popcorn.

실전 회화

Track 12-3

Nate
까무 아깐 끄 마나 왁뚜 땅갈 메라ㅎ 이니
Kamu akan ke mana waktu tanggal merah ini?

Lina
사야 마시ㅎ 블룸 아다 른짜나
Saya masih belum ada rencana.
뭉낀 브르이스띠라핫 사자 삼빌 믐바짜 노벨 단 까무
Mungkin beristirahat saja sambil membaca novel. Dan kamu?

Nate
사야 아깐 나익 스뻬다 끄 따만 바루 이뚜
Saya akan naik sepeda ke taman baru itu.

Lina
오 까무 수다ㅎ 끄 사나 끄마린
Oh, kamu sudah ke sana kemarin?

Nate
수다ㅎ 디 사나 바구ㅅ 운뚝 나익 스뻬다 삼빌 믈리핫 쁘만당안냐
Sudah, di sana bagus untuk naik sepeda sambil melihat pemandangannya.

한국어 해석

네이트 넌 이번 공휴일에 어디에 갈 거야?

리나 난 아직 계획이 없어.
아마 소설을 읽으면서 그냥 집에서 쉴 것 같아. 너는?

네이트 나는 그 새로운 공원에서 자전거를 탈 거야.

리나 오, 너 저번에 거기 갔었어?

네이트 응, 거기 경치를 보면서 자전거 타기에 좋더라.

인도네시아 문화 Tip!

자카르타 중심부 므르데카(Merdeka) 광장의 중앙에는 모나스(Monas)라고 불리는 독립기념탑이 있습니다. 서울의 N서울 타워 같은 랜드마크로, 자카르타의 전망을 한 눈에 볼 수 있습니다.

연습 문제

1. 녹음을 듣고 빈칸을 채워 넣어 올바른 문장을 만들어 보세요. Track 12-4

① Kami harus ada di tempat yang aman ______________ terjadi bencana alam.

② Saya ______________ mengangkat barang itu.

③ Dia suka mengobrol ______________ dengan temannya.

④ Anakku menangis ______________.

⑤ ______________ sampai, kami sudah menunggu di sana.

2. 다음 중 올바른 문장에는 ○ 표시를, 틀린 문장에는 X 표시를 하세요.

① Waktu mengobrol bersama, kita selalu terwawa. (　　)
우리는 같이 이야기할 때 항상 웃습니다.

② Saat tim kami bekerja lembur banyak masalah muncul. (　　)
우리 팀이 야근할 때 많은 문제가 발생했습니다.

③ Dia mononton film sambil menangis. (　　)
그는 울면서 영화를 봤습니다.

정답

1. ① ketika ② berkeringat saat ③ sambil minum kopi ④ sambil berbicara ⑤ Waktu wisatawan itu
2. ① ○ ② X (lembur 뒤에 쉼표 추가) ③ ○

Saya akan mengeceknya sebelum pulang hari ini.

오늘 퇴근 전에 확인해 보겠습니다.

학습 목표

- 시간 접속사 sesudah / setelah에 대해 배워봅니다.
- 시간 접속사 sebelum에 대해 배워봅니다.

새 단어

발음에 유의하며 다음 단어를 듣고 따라 말해 보세요. Track 13-1

인도네시아어	독음	뜻
koran	꼬란	신문
menjaga	믄자가	지키다
mencuci	믄쭈찌	씻다
habis	하비ㅅ	다 써버리다, 소진되다
jatuh	자뚜ㅎ	넘어지다
berita	브리따	기사, 소식
terjadi	뜨르자디	발생하다, 일어나다
gempa bumi	금빠 부미	지진
isu	이수	이슈, 현안
menyelesaikan	므녤르사이깐	해결하다, 끝내다
berolahraga	브르올라ㅎ라가	운동하다
mengecek	믕으쩩	확인하다
keadaan	끄아다안	상황
merapikan	므라삐깐	정돈하다
korban	꼬르반	희생자, 피해자
para	빠라	~들, 여러, 모든

핵심 문법

1. 시간 접속사 sesudah / setelah ~한 후에

① 이후 상황 설명

한 문장에서 시간에 흐름에 따른 내용을 나타낼 때 '~한 후에'라는 뜻인 susudah나 setelah를 씁니다. 앞서 일어나는 내용 앞에 sesudah나 setelah를 붙입니다.

- **Ayah saya membaca koran sesudah pulang kerja.**
  아버지는 퇴근 후에 신문을 읽습니다.
- **Rumah itu lebih aman setelah satpam menjaga 24 jam.**
  경비원이 24시간 지킨 뒤로 그 집은 더 안전해요.

② 동일한 주어는 생략 가능

문장 앞뒤 상황에 대한 주어가 같은 경우에는 sesudah나 setelah 뒤의 주어를 생략할 수 있습니다. 단, 주어가 다른 경우에는 생략이 불가능합니다.

- **Kami harus mencuci tangan dulu sesudah (kami) pulang dari luar.**
  우리는 밖에서 돌아온 후에 (우리는) 손부터 씻어야 합니다. (주어 생략 가능)
- **Saya mencuci piring setelah adik saya sudah habis makan.**
  제 동생이 밥을 다 먹은 후, 저는 설거지를 했습니다. (주어 생략 불가능)

③ sesudah / setelah가 앞 절에 올 때

sesudah나 setelah가 쓰인 문장이 앞 절에 올 경우, 앞 절의 끝에 쉼표를 넣어서 뒤의 내용과 구분해야 합니다. 이때도 sesudah나 setelah 뒤의 주어만 생략이 가능합니다.

- **Sesudah bangun, aku langsung berangkat kampus.**
  일어난 뒤에 저는 곧장 학교로 출발했어요.
- **Setelah jatuh, dia masih duduk di kursi itu.**
  넘어진 후에 그는 아직 의자에 앉아있어요.

2. 시간 접속사 sebelum ~하기 전에

① 이전 상황 설명

앞서 일어난 일을 뒤이어 일어난 일과 한 문장에서 이야기할 때 '~하기 전에'라는 뜻인 sebelum을 씁니다. 뒤이어 일어난 내용의 앞에 sebelum을 붙입니다.

- **Saya sering membaca berita terbaru sebelum mandi.**
  저는 샤워하기 전에 최신 기사를 자주 읽습니다.
- **Kami sudah membangun tempat aman sebelum terjadi bencana alam.**
  저희는 자연재해가 발생하기 전에 안전한 장소를 건설했습니다.

② 동일한 주어는 생략 가능

문장 앞뒤 상황에 대한 주어가 같은 경우에는 sebelum 뒤의 주어를 생략할 수 있습니다. 단, 주어가 다른 경우에는 생략이 불가능합니다.

- **Bali selalu ramai sebelum (Bali) terjadi gempa bumi.**
  발리는 지진이 발생하기 전 (발리는) 항상 붐볐습니다. (주어 생략 가능)
- **Berita tentang isu itu muncul lagi sebelum kita menyelesaikannya.**
  우리가 해결하기도 전에 그 이슈에 대한 기사가 또 올라왔습니다. (주어 생략 불가능)

③ sebelum이 앞 절에 올 때

sebelum이 쓰인 문장이 앞 절에 올 경우, 앞 절의 끝에 쉼표를 넣어서 뒤의 내용과 구분해야 합니다. 이때도 sebelum 뒤의 주어만 생략이 가능합니다.

- **Sebeulm bermain piano, anak itu tersenyum.**
  피아노를 치기 전에 그 아이는 미소 지었어요.
- **Sebeulm mandi, kita berolahraga dulu.**
  씻기 전에 우리는 우선 운동을 해요.

필수 패턴

다음 문장을 세 번씩 따라 읽어 보세요.

Track 13-2

끼따 마깐 부아ㅎ-부아ㅎ안 스수다ㅎ 마깐 말람 브르사마
Kita makan buah-buahan sesudah makan malam bersama.

스수다ㅎ 믕으쩩 끄아다안냐 똘롱 브리따후깐 사야
Sesudah mengecek keadaannya, tolong beritahukan saya.

스뜰라ㅎ 방운 사야 슬랄루 므라삐깐 까마ㄹ 사야
Setelah bangun, saya selalu merapikan kamar saya.

스뜰라ㅎ 브르올라ㅎ라가 디아 마시ㅎ 브르끄링앗 바냑
Setelah berolahraga, dia masih berkeringat banyak.

스수다ㅎ 믐바짜 브리따 이부 브르도아 운뚝 꼬르반냐
Sesudah membaca berita, ibu berdoa untuk korbannya.

사야 미눔 꼬삐 빠나ㅅ 스블룸 믐바짜 꼬란
Saya minum kopi panas, sebelum membaca koran.

꼬따 까미 르비ㅎ 브르시ㅎ 라기 스수다ㅎ 까미 믐브르시ㅎ깐냐
Kota kami lebih bersih lagi sesudah kami membersihkannya.

아야ㅎ 스당 믐바짜 꼬란 스뜰라ㅎ 뿔랑
Ayah sedang membaca koran setelah pulang.

똘롱 믕으쩩 라기 스블룸 브랑깟
Tolong mengecek lagi sebelum berangkat.

한국어 뜻을 보고 인도네시아어로 따라 쓰고 빈칸에 알맞은 말을 써 보세요.

우리는 같이 저녁 식사를 한 후에 과일을 먹어요.
Kita makan buah-buahan ________ malam bersama.

상황을 확인한 후, 저에게 알려주세요.
Sesudah ________, tolong beritahukan saya.

일어난 후, 저는 항상 제 방을 정돈해요.
________, saya selalu merapikan kamar saya.

운동한 후, 그는 아직 땀을 많이 흘려요.
Setelah berolahraga, dia masih ________.

기사를 읽은 후, 어머니는 희생자를 위해 기도하셨어요.
Sesudah membaca ________, ibu berdoa untuk korbannya.

저는 신문을 읽기 전에 따뜻한 커피를 마셨어요.
Saya minum kopi panas, ________ membaca koran.

우리 도시는 우리가 청소한 후에 더욱 깨끗해졌어요.
Kota kami lebih bersih lagi sesudah kami ________.

아버지는 퇴근 후에 신문을 읽고 계세요.
Ayah sedang membaca ________ setelah pulang.

출발 전에 다시 확인해 주세요.
Tolong ________ lagi sebelum berangkat.

실전 회화

Track 13-3

Atasan 마스 안디 아빠까ㅎ 아다 왁뚜 운뚝 Mas Andi, apakah ada waktu untuk 믐바짜 브리따-브리따 이니 membaca berita-berita ini?

Andi 이야 부 브리따 이니 뜬땅 아빠 Ya, Bu. Berita ini tentang apa?

Atasan 뜬땅 금빠 부미 양 뜨르자디 라기 디 사나 Tentang gempa bumi yang terjadi lagi di sana. 쁘르우사하안 까미 잉인 믐반뚜 라기 스뜰라ㅎ 믕으쩩 Perusahaan kami ingin membantu lagi setelah mengecek 끄아다안 빠라 꼬르반 keadaan para korban.

Andi 바익 부 사야 아깐 믐바짜 단 믕으쩩냐 스블룸 Baik, Bu. saya akan membaca dan mengeceknya sebelum 뿔랑 하리 이니 pulang hari ini.

Atasan 뜨리마 까시ㅎ 난띠 똘롱 브리따후깐 야 Terima kasih. Nanti tolong beritahukan, ya.

한국어 해석

상사 안디 씨, 이 기사들을 읽을 시간이 있나요?

안디 네, 팀장님. 무엇에 관한 기사인가요?

상사 그곳에 또다시 지진이 발생한 것과 관련된 거예요.
피해자들의 상황을 확인해 본 뒤에 우리 회사가 다시 도우려고 해요.

안디 알겠습니다, 팀장님. 제가 오늘 퇴근 전에 읽고 확인하겠습니다.

상사 고마워요. 나중에 알려주세요.

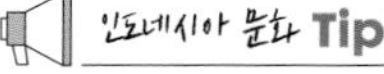

인도네시아 문화 Tip!

인도네시아는 주요 섬들 중 보르네오섬을 제외한 거의 모든 섬들이 화산이나 지진 활동이 잦은 '불의 고리'에 걸려 있습니다. 그래서 화산 분출이나 지진 같은 자연 재해가 잦은 편입니다.

연습 문제

1. 녹음을 듣고 빈칸을 채워 넣어 올바른 문장을 만들어 보세요. Track 13-4

① Sesudah ____________________, kita harus pindah ke kota lain.

② Kami suka mengobrol di kafe sebelum ____________________.

③ Sebelum pulang, saya akan ____________________.

④ Setelah ____________________, kita makan roti lagi.

⑤ Ibu membuat jus yang segar ____________________ buah-buahan di supermarket.

2. 다음 보기의 접속사를 활용하여 올바른 문장을 만들어 보세요.

보기 sebelum / setelah / sambil

① Kami mengerjakan PR ____________ mendengar lagu baru itu.
저희는 그 신곡을 들으면서 숙제해요.

② Tolong beritahukan ____________ mengecek keadaan korban.
피해자의 상황을 확인한 후에 알려주세요.

③ Pagar rumah saya berwarna kuning ____________ mengecatnya.
우리 집 담장은 페인트칠을 하기 전에는 노란색이었어요.

정답

1. ① terjadi gempa bumi ② mulai bekerja ③ membalas e-mail ④ habis makan ⑤ sesudah membeli
2. ① sambil ② setelah ③ sebelum

Untuk pertama kali,
mengirim keduanya dulu.

첫 번째로, 그 두 가지를 먼저 보내요.

학습 목표

- 서수에 대해 배워봅니다.
- 서수의 의문 표현에 대해 배워봅니다.

새 단어

발음에 유의하며 다음 단어를 듣고 따라 말해 보세요.

Track 14-1

인도네시아어	독음	뜻
raja	라자	왕, 임금
kerajaan	끄라자안	왕국, 제국
pihak	삐학	측
setuju	스뚜주	동의하다
seri	세리	시리즈
hubungan	후붕안	관계
semakin	스마낀	점점
membaik	믐바익	좋아지다
mematikan	므마띠깐	끄다
lampu	람뿌	전등
menyalakan	므냘라깐	켜다
jumlah	줌라ㅎ	합계
penduduk	쁜두둑	인구
jumlah penduduk	줌라ㅎ 쁜두둑	인구수

1. 서수 ~번째

① 순번을 나타냄

수를 나타내는 단어에 접사 ke-를 붙이면 순번을 나타내는 서수가 되며 예를 들어 '두 번째'는 kedua와 ke-2 두 가지 방식으로 표기할 수 있습니다. 다만, 일반적으로 '첫 번째'는 kesatu보다 pertama라는 표현을 더 자주 씁니다.

- **Raja pertama kerajaan Joseon adalah Raja Taejo.**
  조선 왕조의 첫 번째 왕은 태조입니다.
- **Pihak kesatu setuju dengan surat itu.**
  첫 번째 측(갑)은 그 서류에 동의했어요.
- **Saya paling suka drama seri ke-3.**
  저는 드라마의 세 번째 시리즈를 가장 좋아합니다.

② 범위 안의 모두를 나타냄

서수가 명사 앞에 놓이는 경우에는 해당 명사의 범위에 포함되는 모두를 의미합니다.

- **Hubungan kedua negara itu semakin membaik.**
  양국의 관계가 점점 좋아지고 있습니다.
- **Ketiga anak saya tinggal di Amerika.**
  저의 세 아이는 미국에 살고 있어요.

③ 접속사로 쓰일 때

yang과 서수를 붙여서 문장의 가장 앞에 놓으면 첫째, 둘째, 셋째와 같이 나열하는 표현이 됩니다. 이때 yang은 생략 가능합니다.

- **(Yang) Pertama, dilarang keluar dari tempat ujian selama ujian berjalan.**
  첫째, 시험이 진행되는 동안 시험장에서 나가는 것이 금지됩니다.
- **(Yang) Kedua, matikan HP Anda di dalam tempat ujian.**
  둘째, 시험장 내에서는 휴대 전화를 꺼 주세요.

2. 서수의 의문 표현

서수의 의문형	뜻
keberapa	몇 번째
(Apakah) ··· 서수	~째인가요?

① 순번을 물을 때

수를 묻는 의문사 berapa에 접사 ke-를 붙이면 'keberapa(몇 번째)'라는 뜻으로 순번을 물을 수 있습니다.

- **Kamu anak keberapa?** 너는 몇 번째 아이니?
- **Drama ini seri keberapa?** 이 드라마는 몇 번째 시리즈니?
- **Ini PR keberapa kali dari ibu Han?**
  이건 한 선생님이 몇 번째로 내주신 숙제야?

② 서수를 언급하며 물을 때

질문 자체에 특정 서수가 포함된 경우에는 의문사 apakah를 사용합니다. 구어체에서는 apakah를 생략하고 말하는 경우가 많습니다.

- **(Apakah) yuka anak kedua?** 유카는 둘째 아이니?
- **(Apakah) minggu ini adalah minggu ketiga?** 이번 주가 셋째 주인가요?
- **(Apakah) lampu kedua masih menyalakan?**
  두 번째 전등을 아직 켜 두었나요?

필수 패턴

다음 문장을 세 번씩 따라 읽어 보세요.

디아 수다ㅎ 믐블리 모빌 끄띠가
Dia sudah membeli mobil ketiga.

하리 이니 하리 뻐르따마 마숙 끄르자
Hari ini hari pertama masuk kerja.

끄두아 오랑 마시ㅎ 브르뜽까ㄹ 디 사나
Kedua orang masih bertengkar di sana.

뜨만 까무 이뚜 아낙 끄브라빠
Teman kamu itu anak keberapa?

바가이마나 후붕안 안따라 끄두아 느가라 스까랑
Bagiamana hubungan antara kedua negara sekarang?

끄나빠 끄두아 삐학 마시ㅎ 브르뜽까ㄹ
Kenapa kedua pihak masih bertengkar?

아빠까ㅎ 비사 믐바짜 브리따 끄두아 주가
Apakah bisa membaca berita kedua juga?

아요 끼따 브랑깟 디 삔뚜 끄뚜주ㅎ
Ayo, kita berangkat di pintu ke-7.

인도네시아 아달라ㅎ 느가라 끄음빳 등안 줌라ㅎ 뻔두둑
Indonesia adalah negara ke-4 dengan jumlah penduduk
뜨르바냑
terbanyak.

한국어 뜻을 보고 인도네시아어로 따라 쓰고 빈칸에 알맞은 말을 써 보세요.

그는 세 번째 차를 샀어요.
Dia sudah membeli mobil ______.

오늘은 출근 첫날이에요.
Hari ini hari ______ masuk kerja.

두 사람은 아직도 저기서 싸우고 있어요.
______ orang masih bertengkar di sana.

그 친구는 몇 번째 아이인가요?
Teman kamu itu anak ______?

지금 그 양국 간의 관계는 어때요?
Bagiamana ______ kedua negara sekarang?

왜 양측은 아직도 다투고 있나요?
Kenapa kedua ______ masih bertengkar?

두 번째 기사도 읽을 수 있을까요?
Apakah bisa ______ berita kedua juga?

자, 우리 7번 출구에서 출발해요.
Ayo, kita berangkat di pintu ______.

인도네시아는 네 번째로 인구수가 많은 나라입니다.
Indonesia adalah negara ke-4 dengan ______ penduduk terbanyak.

실전 회화

Track 14-3

까르나 븐짜나 알람 이뚜 바냑 꼬르반 디 사나
Andi Karena bencana alam itu, banyak korban di sana.

오 야 깔라우 브기뚜 바가이마나 끼따 비사 믐반뚜 므레까
Atasan Oh, ya? Kalau begitu, bagaimana kita bisa membantu mereka?

뭉낀 끼따 비사 믕이림 마까난 단 미눔안
Andi Mungkin kita bisa mengirim makanan dan minuman.

바익 운뚝 쁘르따마 깔리 끼따 믕이림 끄두아냐 둘루
Atasan Baik. Untuk pertama kali, kita mengirim keduanya dulu.

야 부 까미 아깐 믕이림 스뜰라ㅎ 믐블리냐
Andi Ya, Bu. Kami akan mengirim setelah membelinya.

바구ㅅ 똘롱 브리따후깐 스뜰라ㅎ 믐블리냐
Atasan Bagus. Tolong beritahukan setelah membelinya.

한국어 해석

안디 그 자연재해로 그곳에 피해자가 많습니다.

상사 오, 그래요? 그렇다면 어떻게 그들을 도울 수 있을까요?

안디 아마 저희가 음식과 음료를 보낼 수 있을 거예요.

상사 좋아요. 첫 번째로 우리 그 두 가지를 먼저 보내요.

안디 네, 팀장님. 저희가 구매 후에 보내도록 하겠습니다.

상사 좋아요. 구매 후에 알려주세요.

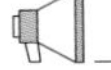

인도네시아 문화 Tip!

인도네시아의 열대과일 중에선 두리안을 빼놓을 수 없습니다. 특유의 향이 강해서 호불호가 크게 나뉘는데, 두리안을 얼린 후 살짝 녹여 먹으면 고약한 냄새는 빠지고 부드러운 식감을 한층 더 음미할 수 있습니다.

연습 문제

1. 녹음을 듣고 빈칸을 채워 넣어 올바른 문장을 만들어 보세요. Track 14-4

① Kamu ____________________?

② Bagaiamana kabar ____________________.

③ ____________________ nasional sedang bermain bersama.

④ Saya lebih suka ____________________ itu.

⑤ Hari ini saya ____________________ coba ke sana.

2. 다음 문장에서 kedua가 들어가기에 적합한 위치를 골라 보세요.

① (1) Adik (2) saya sudah mematikan (3) lampunya.
제 둘째 동생이 그 전등을 껐어요.

② Saya belum menyalakan (1) lampu (2) itu (3).
저는 그 두 개의 전등을 아직 안 켰어요.

③ Saya sudah (1) membaca (2) berita (3) itu.
저는 그 두 개의 기사를 다 읽었어요.

정답

1. ① anak keberapa ② kedua anakmu ③ Keempat tim ④ buku kedua ⑤ pertama kali
2. ① 2 ② 1 ③ 2

Ongkos taksi kurang lebih Rp 89.000.

택시 요금은 대략 89,000루피아예요.

학습 목표

- 수의 표기 및 읽는 법에 대해 배워봅니다.
- 백만 이상의 큰 수에 대해 배워봅니다.

새 단어

발음에 유의하며 다음 단어를 듣고 따라 말해 보세요.

Track 15-1

인도네시아어	독음	뜻
ongkos	옹꼬ㅅ	요금
kurang lebih	꾸랑 르비ㅎ	대략
rendang	른당	른당(인도네시아식 장조림)
biaya	비아야	비용
sewa	세와	임대
per	쁘ㄹ	~당
mencapai	믄짜빠이	달성하다
mengumpul	릉움뿔	모으다
sebesar	스브사ㄹ	상당하다
investasi	인베스따시	투자
terbang	뜨르방	날다
memperpanjang	름쁘르빤장	연장하다
sebenarnya	스브나르냐	사실은
masa berlaku	마사 브를라꾸	유통기한, 유효기간
langit	랑잇	하늘

1. 수의 표기 및 읽는 법

단위	인도네시아어 표현
11~19	숫자 + belas
10 단위	숫자 + puluh
100 단위	숫자 + ratus
1,000 단위	숫자 + ribu

① 다양한 수의 표기 및 읽는 법

인도네시아어는 천 단위마다 쉼표가 아닌 마침표를 써서 구분한다는 점에서 한국어와 차이가 있습니다. 반대로 소수점을 나타낼 때는 마침표가 아닌 쉼표를 씁니다. 또한, 연도를 읽는 방법으로는 숫자를 앞에서부터 차례대로 읽는 방법과 앞뒤 숫자를 두 개씩 끊어서 읽는 방법 두 가지가 있습니다.

- **10.000won** 10,000원(천 단위 표기)
- **5,2** 5.2(소수점 표기)
- **Tahun** dua ribu tiga puluh**(=Tahun** dua puluh tiga puluh**)** 2030년

② 만 이상의 수를 읽는 법

만 이상의 큰 수를 읽을 때는 1,000 단위마다 들어간 마침표를 기준으로 끊어 읽으면 쉽습니다. 예를 들어, 100.000은 마침표를 기준으로 100(seratus)과 1000(ribu)으로 나뉘므로 seratus ribu라고 읽습니다.

- **Ongkos taksi** dua ratus lima belas ribu **rupiah.**
  택시 요금은 215,000루피아입니다.
- **Harga rendang yang enak itu** tujuh belas ribu lima ratus **won.**
  그 맛있는 른당은 17,500원입니다.

2. 백만 이상의 큰 수

단위	인도네시아어 표현
백만 단위	juta (1.000.000)
십억 단위	miliar (1.000.000.000)
조 단위	triliun (1.000.000.000.000)

① 백만 단위

백만 단위는 juta라고 표현합니다. 간단한 숫자는 소수점을 이용해서 표기하기도 합니다. 예를 들어, 1.500.000은 1,5 juta라고도 표기할 수 있고 satu koma lima라고 읽습니다.

- **Biaya sewa kamar ini Rp 4,5 juta per bulan.**
  이 방의 임대료는 한 달에 4,500,000루피아예요.
- **Jumlah penduduk Indonesia lebih dari 270 juta orang.**
  인도네시아의 총 인구는 2억 7천만 명이 넘어요.

② 십억 단위와 조 단위

십억 단위는 miliar, 조 단위는 triliun이라고 표현합니다. 마찬가지로 간단한 숫자는 소수점을 이용해서 표기하기도 합니다.

- **Jumlah penduduk dunia lebih dari 7,85 miliar orang.**
  세계 인구는 78억 5천만 명이 넘습니다.
- **Nilai ekspor tahun ini sudah mencapai 2 triliun rupiah.**
  올해 수출액이 2조 루피아에 달했습니다.

필수 패턴

다음 문장을 세 번씩 따라 읽어 보세요.

비아야 스꼴라ㅎ 이뚜 들라빤 라뚜ㅅ 리부 루삐아ㅎ 쁘ㄹ 스메스뜨ㄹ
Biaya sekolah itu 800.000 rupiah per semester.

까미 쁘를루 믐바야ㄹ 사뚜 꼬마 두아주따 루삐아 마싱-마싱
Kami perlu membayar Rp 1,2 juta masing-masing.

사야 스당 믕움뿔 우앙 스불란 스주따 원
Saya sedang mengumpul uang sebulan sejuta won.

디아 수다ㅎ 므민잠 우앙 스브사ㄹ 두아 꼬마 뚜주ㅎ 주따 원
Dia sudah meminjam uang sebesar 2,7 juta won.

닐라이 인베스따시 쁘르우사하안 까미 나익 리마 꼬마 두아 쁘르센
Nilai investasi perusahaan kami naik 5,2%.

쁘사왓 나사 뜨르방 으남 꼬마 음빳 밀리아ㄹ 낄로메뜨ㄹ
Pesawat NASA terbang 6,4 miliar kilometer.

사뚜 밀리아ㄹ 이뚜 아다 브라빠 놀
1 miliar itu ada berapa nol?

우무ㄹ 빈땅 이뚜 꾸랑 르비ㅎ 뚜주ㅎ 라뚜스 주따 따훈
Umur bintang itu kurang lebih 700 juta tahun.

줌라ㅎ 쁜두둑 아메리까 르비ㅎ 다리 띠가 라뚜스 띠가 뿔루 주따 오랑
Jumlah penduduk Amerika lebih dari 330 juta orang.

한국어 뜻을 보고 인도네시아어로 따라 쓰고 빈칸에 알맞은 말을 써 보세요.

학기당 학비는 800,000루피아예요.
_____ sekolah itu 800.000 rupiah per semester.

우리는 각자 120만 루피아씩 지불해야 해요.
Kami perlu membayar Rp _____ masing-masing.

저는 한 달에 백만 원씩 모으고 있어요.
Saya sedang _____ uang sebulan sejuta won.

그는 2,700,000원 상당의 돈을 빌렸습니다.
Dia sudah meminjam uang _____ 2,7 juta won.

우리 회사의 투자율은 5.2% 올랐습니다.
Nilai _____ perusahaan kami naik 5,2%.

NASA 비행선은 64억 킬로미터를 날았습니다.
Pesawat NASA terbang 6,4 _____ kilometer.

10억에는 0이 몇 개 있나요?
1 miliar itu ada berapa _____?

그 별의 나이는 대략 7억 살입니다.
Umur bintang itu _____ 700 juta tahun.

미국의 인구는 3억 3천만 명이 넘습니다.
Jumlah _____ Amerika lebih dari 330 juta orang.

실전 회화

Track 15-3

Lina
네이트 까무 믐바야ㄹ 브라빠 운뚝
Nate, kamu membayar berapa untuk
믐쁘르빤장 비사
memperpanjang visa?

Nate
스브나르냐 사야 수다ㅎ 루빠 뭉낀 두아 라뚜ㅅ 리부 안 루삐아ㅎ
Sebenarnya, saya sudah lupa. Mungkin 200.000-an rupiah.
끼무 마우 끄 깐또ㄹ 이미그라시
Kamu mau ke kantor imigrasi?

Lina
야 사야 하루ㅅ 끄 사나 밍구 이니 까르나 마사 브를라꾸 비사
Ya, saya harus ke sana minggu ini karena masa berlaku visa
마우 하비ㅅ
mau habis.

Nate
깔라우 까무 끄 사나 르비ㅎ 바익 나익 딱시 사자
Kalau kamu ke sana, lebih baik naik taksi saja.
옹꼬ㅅ 딱시 꾸랑 르비ㅎ 들라빤 뿔루ㅎ 슴빌란 리부 루삐아ㅎ
Ongkos taksi kurang lebih 89.000 rupiah.

한국어 해석

리나 네이트, 너 비자 연장을 위해 얼마를 냈었어?

네이트 사실은 나 이미 기억이 나질 않아. 아마 200,000루피아대였던 것 같아.
너 이민국에 가려고?

리나 응, 나 비자 유효기간이 곧 끝나서 이번 주에는 꼭 거기 가야 해.

네이트 너 거기 갈 거라면 택시를 타는 게 더 나아.
택시 요금은 대략 89,000루피아야.

인도네시아 문화 Tip!

인도네시아는 단기간은 무비자 입국도 가능하고, 경우에 따라 여행 비자나 학생 비자 등을 발급해야 할 수도 있습니다. 비자 관련 절차는 시간이 오래 걸리는 경우가 많으므로 대사관에 공지된 기간보다 여유 있게 준비를 시작하는 것이 좋습니다.

1. 녹음을 듣고 빈칸을 채워 넣어 올바른 문장을 만들어 보세요. Track 15-4

① Biaya pesawat tiket ______________ won.

② Sepertinya ada ______________ ada di langit.

③ Nilai investasi naik ______________ rupiah.

④ Biaya sekolah ______________ rupiah.

⑤ Saya sudah mengumpul uang sebesar ______________ di bank.

2. 다음 인도네시아어를 읽고 숫자로 바꾸어 써 보세요.

① sembilan ratus tujuh puluh ribu

____

② 1,57 miliar

____

③ Delapan puluh sejuta tujuh ratus tiga puluh ribu

____

정답

1. ① 800.000 ② miliar bintang ③ 4,2 miliar ④ 6 juta ⑤ 7 jutaan won
2. ① 970.000 ② 1.570.000.000 ③ 81.730.000

Saya mau naik taksi saja agar tidak terlambat.

저는 늦지 않도록 택시를 타야겠어요.

학습 목표

- 전치사 untuk에 대해 배워봅니다.
- 접속사 agar / supaya / biar에 대해 배워봅니다.

새 단어

발음에 유의하며 다음 단어를 듣고 따라 말해 보세요. Track 16-1

인도네시아어	독음	뜻
lemari	르마리	옷장, 책장
menyimpan	므님빤	보관하다
dirawat	디라왓	치료받다
seharian	스하리안	하루 종일
asrama	아스라마	기숙사
manis-manisan	마니ㅅ-마니산	(달콤한) 간식
konser	꼰세ㄹ	콘서트
sehat	세핫	건강하다
sembuh	슴부ㅎ	낫다, 회복하다
mati	마띠	죽다
khusus	쿠수ㅅ	특수하다, 특별하다
gagal	가갈	실패하다
jelas	즐라ㅅ	명확하다, 뚜렷하다
untung	운뚱	운이 좋다
memanggil	므망길	부르다
mengumpul	믕움뿔	모으다

1. 전치사 untuk ~을(를) 위해 / ~의 것 / ~동안

① 목적을 나타냄

'~을(를) 위해'라는 뜻으로 이유나 목적을 설명할 때 untuk을 씁니다. '왜냐하면'이라는 의미인 karena보다 목적에 더 중점을 둔 어감입니다.

- **Saya membeli lemari baju yang baru untuk menyimpan baju.**
  저는 옷을 보관하기 위해 새 옷장을 샀어요.
- **Pasien itu masih dirawat di rumah sakit untuk istirahat.**
  그 환자는 휴식을 위해 아직 병원에서 치료 받는 중입니다.

② 몫을 나타냄

untuk이 사람 앞에 쓰이면 '~의 것' 또는 '~(을)를 위한 것'이라는 의미가 됩니다.

- **Ini untukku.** 이건 나를 위한 거야.(내 거야.)
- **Ibu memasak seharian untuk anaknya karena dia pulang dari asrama.**
  아이가 기숙사에서 돌아오기 때문에 어머니는 하루 종일 그를 위한 요리를 합니다.

③ 특정 기간 및 시기를 나타냄

untuk이 특정 기간 앞에 쓰이면 '(기간) 동안' 또는 '(기간)의'라는 의미가 됩니다. 비슷한 의미로 쓰이는 pada나 selama보다 해당 기간을 더욱 강조하는 어감입니다.

- **Untuk beberapa tahun, dia tidak makan manis-manisan.**
  몇 년 동안, 그는 달콤한 간식을 먹지 않았어요.
- **Dia memsan tiket konser untuk bulan Agustus.**
  그는 8월의 콘서트 티켓을 예매했어요.

2. 접속사 agar / supaya / biar ~하기 위해, ~하도록

① 희망 사항을 나타냄

agar, supaya, biar는 모두 비슷한 의미로 사용됩니다. 희망 사항을 이야기할 때 주로 쓰며, 이 중 biar는 가벼운 어감의 구어체로 자주 쓰입니다.

- **Dia belajar dengan sangat rajin agar/supaya menerima beasiswa.**
  그는 장학금을 받기 위해 아주 열심히 공부합니다.
- **Ibu berdoa biar anaknya sehat.**
  어머니는 아이가 건강하도록 기도합니다.

② 목표나 기대치를 나타냄

agar, supaya, biar 세 단어 모두 목표나 기대치를 나타낼 때도 사용합니다. 이 중 biar는 가벼운 어감의 구어체로 자주 쓰입니다.

- **Dia minum obat agar/supaya cepat sembuh.**
  그는 빨리 낫도록 약을 먹어요.
- **Kami akan pindah ke Seoul biar dapat pekerjaan baru.**
  우리는 새 일자리를 찾도록 서울로 이사할 거예요.

③ biar의 또 다른 의미

biar는 구어체에서 한정적으로 '~에도 불구하고' 또는 '~하는 게 낫다'라는 의미로도 쓰입니다.

- **Kita tetap ada di sini biar dia terlambat.**
  그가 늦더라도 우리는 여기에 계속 있을 거예요.
- **Biar mati daripada kalah!** 지는 것보다 죽는 게 더 나아!

필수 패턴

다음 문장을 세 번씩 따라 읽어 보세요.

이니 루마ㅎ 사낏 운뚝 쁘냐낏 쿠수ㅅ
Ini rumah sakit untuk penyakit khusus.

사야 띵갈 디 아스라마 운뚝 스따훈
Saya tinggal di asrama untuk setahun.

뜸빳 두둑 디 시니 운뚝 시아빠
Tampat duduk di sini untuk siapa?

아야ㅎ 슬랄루 방운 빠기-빠기 수빠야 띠닥 뜨를람밧
Ayah selalu bangun pagi-pagi supaya tidak terlambat.

디아 블라자ㄹ 등안 상앗 라진 수빠야 띠닥 가갈 라기
Dia belajar dengan sangat rajin supaya tidak gagal lagi.

끼따 하루ㅅ 브르올라ㅎ라가 스띠압 하리 아가ㄹ 세핫
Kita harus berolahraga setiap hari agar sehat.

아야ㅎ 수다ㅎ 띠닥 므로꼭 라기 아가ㄹ 세핫
Ayah sudah tidak merokok lagi agar sehat.

비아ㄹ 즐라ㅅ 사야 아깐 믄즐라스깐 라기
Biar jelas, saya akan menjelaskan lagi.

사야 믕이림 수랏 이뚜 비아ㄹ 다빳 이진
Saya mengirim surat itu biar dapat izin.

한국어 뜻을 보고 인도네시아어로 따라 쓰고 빈칸에 알맞은 말을 써 보세요.

이곳은 특수한 질환을 위한 병원이에요.
Ini rumah sakit ______ penyakit khusus.

저는 1년간 기숙사에서 살았어요.
Saya tinggal di ______ untuk setahun.

이 자리는 누구를 위한 건가요?
Tampat duduk di sini untuk ______?

아버지는 늦지 않도록 항상 일찍 일어나세요.
Ayah selalu bangun pagi-pagi ______.

그는 또다시 실패하지 않도록 정말 열심히 공부해요.
Dia belajar dengan sangat rajin supaya ______.

우리는 건강할 수 있도록 매일 운동해야 해요.
Kita harus berolahraga setiap hari ______ sehat.

아버지는 건강을 위해 더 이상 담배를 피우시지 않아요.
Ayah sudah tidak merokok lagi agar ______.

명확해지도록 제가 다시 설명해 드릴게요.
______, saya akan menjelaskan lagi.

저는 허가를 받기 위해서 그 편지를 보냈습니다.
Saya ______ surat itu biar dapat izin.

실전 회화

Track 16-3

까무 수다ㅎ 믐블리 띠껫 꼰세ㄹ 운뚝 이부
Nate Kamu sudah membeli tiket konser untuk ibu?

사야 수다ㅎ 쪼바 끄마린 따삐 띠껫냐 수다ㅎ 하비ㅅ
Lina Saya sudah coba kemarin, tapi tiketnya sudah habis.

사야 등아ㄹ 까무 비사 믐블리 띠껫 랑숭 디 몰 아베쎄
Nate Saya dengar kamu bisa membeli tiket langsung di mal ABC.

오 야 운뚱냐 마시ㅎ 비사 믐블리 디 사나
Lina Oh, ya? Untungnya masih bisa membeli di sana.

르비ㅎ 바읶 까무 쪼바 끄 사나 하리 이니 비아ㄹ 띠닥 하비ㅅ
Nate Lebih baik kamu coba ke sana hari ini biar tidak habis.

바읶 사야 마우 나읶 딱시 사자 아가ㄹ 띠닥 뜨를람밧
Lina Baik, saya mau naik taksi saja agar tidak terlambat.

한국어 해석

네이트 너 어머니를 위한 콘서트 티켓 샀어?

리나 어제 시도해 봤는데, 티켓이 이미 매진이었어.

네이트 ABC 백화점에서 직접 티켓을 살 수 있다고 들었어.

리나 오, 그래? 거기서 아직 살 수 있다니 운이 좋네.

네이트 매진되지 않도록 오늘 거기 가 보는 게 더 좋을 거야.

리나 좋아. 나는 늦지 않게 택시를 타야겠어.

 인도네시아 문화 Tip!

인도네시아에서 비자를 연장할 때는 최소 2주 전부터 업무를 시작하는 것이 좋습니다. 경우에 따라 예상치 못한 문제가 생기거나, 관공서를 여러 번 방문해야 하는 경우가 생길 수 있으니 반드시 여유 있게 준비해야 합니다.

1. 녹음을 듣고 빈칸을 채워 넣어 올바른 문장을 만들어 보세요. Track 16-4

① Dokter melarang merokok ____________.

② Ibu memanggil anaknya agar tidak lupa ____________.

③ Dia rajin belajar ____________ asrama.

④ Setiap pagi saya minum jus hijau ____________.

⑤ Dia sedang mengumpul uang ____________ jalan-jalan ke luar negeri.

2. 다음 중 올바른 문장에는 ○ 표시를, 틀린 문장에는 X 표시를 하세요.

① Dia pintar biar masih kecil. ( )
그는 아직 어리지만 똑똑해요.

② Dia harus minum obat agar cepat sembuh. ( )
그는 빨리 낫도록 약을 먹어야만 해요.

③ Dia pernah tinggal di Indonesia supaya 1 tahun. ( )
그는 1년간 인도네시아에서 산 적이 있어요.

정답

1. ① kepada ibunya ② membawa sepatunya ③ supaya bisa di ④ biar sehat ⑤ untuk
2. ① ○ ② ○ ③ X (Dia pernah tinggal di Indonesia untuk 1 tahun.)

Penyanyi itu benar-benar terkenal pada generasi ibu.

그 가수는 어머니 세대에 정말 유명했어요.

학습 목표

- 전치사 kepada / pada에 대해 배워봅니다.
- 전치사 bagi에 대해 배워봅니다.

새 단어

발음에 유의하며 다음 단어를 듣고 따라 말해 보세요.

Track 17-1

인도네시아어	독음	뜻
benar-benar	브나ㄹ-브나ㄹ	정말
generasi	게네라시	세대, 시대
sopan	소빤	공손하다, 예의 바르다
salam	살람	안부, 인사
kunci	꾼찌	열쇠
bangga	방가	자랑스럽다, 뽐내다
diri sendiri	디리 슨디리	자기 자신
penting	쁜띵	중요하다
layanan	라야난	서비스
rok	록	치마
cucu	쭈쭈	손주
percaya	쁘르짜야	신뢰하다, 믿다
tetangga	뜨땅가	이웃
menanti	므난띠	기대하다

핵심 문법

1. 전치사 kepada / pada ~에(게)

① kepada의 쓰임

kepada는 '~에게'라는 뜻으로 사람 간에 발생하는 상황에서 주로 쓰입니다. 한 대상에서 다른 대상으로의 전달성이 있는 상태의 개념입니다.

- **Anak itu sopan kepada orang tuanya.**
  그 아이는 부모님에게 공손해요.
- **Teman saya mengirim salam kepadamu.**
  제 친구가 당신에게 안부를 전합니다.
- **Ibu sangat marah kepada anaknya karena anak itu berbohong berkali-kali.**
  어머니는 그 아이가 여러 번 거짓말해서 아이에게 화를 냈어요.

② pada의 쓰임

pada는 '~에(게)'라는 뜻으로 사람, 시간, 상황 앞에 주로 쓰입니다. 한 자리에 머물거나 어딘가에 속해있는 상태의 개념입니다. 또한 누군가에게 느끼는 감정을 표현할 때 쓰입니다.

- **Kunci rumah ada pada ayah.**
  집 열쇠는 아버지에게 있어요.
- **Kunci ini tidak cocok pada pintu itu.**
  이 열쇠는 그 문에 맞지 않아요.
- **Mahasiswa itu merasa bangga pada diri sendiri.**
  그 대학생은 스스로에게 자랑스러움을 느껴요.

2. 전치사 bagi ~에게 / ~을(를) 위해

① 견해나 의견을 나타냄

bagi는 '~에게'라는 뜻으로 사람 앞에 쓰이며, 해당 대상에게 있어서의 어떤 상태에 대한 견해나 의견을 표현할 수 있습니다.

- **Hal itu tidak penting bagi saya.** 그 문제는 저에게 중요하지 않아요.
- **Buku itu terlalu susah bagi anak-anak.** 그 책은 아이들에겐 너무 어려워요.

② 목적을 나타냄

'~을(를) 위해'라는 뜻으로 목적을 나타낼 때도 bagi를 쓸 수 있습니다. 이때는 untuk과 유사하게 쓰입니다.

- **Kami akan memberi produk ini bagi Anda.**
  저희가 당신을 위해 이 제품을 드릴게요.
- **Hotel itu memiliki layanan yang terbaik bagi tamu.**
  그 호텔은 손님을 위한 최상의 서비스를 가지고 있습니다.

③ kepada, pada, bagi의 차이

kepada, pada, bagi 세 전치사는 '~에게'라는 의미로 서로 비슷하지만, 대상이 사람인 경우 그 의미가 각각 달라집니다. 일반적으로 kepada는 전달성이 내포된 상황, pada는 소유하거나 머물러 있는 상황, bagi는 의견을 표현하는 상황에서 쓰입니다.

- **Anak itu menulis surat kepada ibunya.** 그 아이는 어머니께 편지를 씁니다.
- **Orang tua cinta pada ankanya.** 부모님은 아이를 사랑해요.
- **Rok ini tidak cocok bagi saya.** 이 치마는 저에게 어울리지 않아요.

필수 패턴

다음 문장을 세 번씩 따라 읽어 보세요.

빠라 무리ㄷ 잉인 브르따냐 끄빠다 구루냐
Para murid ingin bertanya kepada gurunya.

아낙 이뚜 슬랄루 소빤 끄빠다 오랑 뚜아냐
Anak itu selalu sopan kepada orang tuanya.

네넥 므눌리ㅅ 수랏 끄빠다 쭈쭈냐
Nenek menulis surat kepada cucunya.

꾼찌 루마ㅎ 까미 마시ㅎ 아다 빠다 아야ㅎ
Kunci rumah kami masih ada pada ayah.

디아 슬랄루 쁘르짜야 빠다 구루냐
Dia selalu percaya pada gurunya.

끄슴빠딴 이뚜 상앗 쁜띵 바기 빠라 마하시스와
Kesempatan itu sangat penting bagi para mahasiswa.

비아야 띠껫 쁘사왓 뜨를랄루 마할 바기 사야
Biaya tiket pesawat terlalu mahal bagi saya.

까따냐 수아라 안징 상앗 브리식 바기 뜨땅가 까미
Katanya suara anjing sangat berisik bagi tetangga kami.

바기 사야 꼬뽀ㄹ 이뚜 띠닥 브랏
Bagi saya kopor itu tidak berat.

한국어 뜻을 보고 인도네시아어로 따라 쓰고 빈칸에 알맞은 말을 써 보세요.

학생들은 선생님께 질문하고 싶어 해요.
Para murid ingin bertanya ______ gurunya.

그 아이는 언제나 부모님에게 예의 바릅니다.
Anak itu selalu ______ kepada orang tuanya.

할머니께서 그녀의 손주에게 편지를 씁니다.
Nenek ______ surat kepada cucunya.

우리 집 열쇠는 아직 아버지에게 있어요.
Kunci rumah kami masih ada ______ ayah.

그는 항상 그 선생님을 신뢰해요.
Dia selalu ______ pada gurunya.

그 기회는 대학생들에게 정말 중요해요.
Kesempatan itu sangat penting ______.

비행기 티켓 요금은 제겐 너무 비싸요.
Biaya tiket ______ terlalu mahal bagi saya.

강아지 소리가 우리 이웃에게는 너무 시끄럽다고 해요.
Katanya suara anjing sangat berisik bagi ______.

저에게 그 캐리어는 무겁지 않아요.
Bagi saya ______ itu tidak berat.

실전 회화

Track 17-3

Lina	네이트 뜨리마 까시ㅎ 인포냐 Nate, terima kasih infonya. 사야 수다ㅎ 믐브리 띠껫냐 끄빠다 이부 스뜰라ㅎ Saya sudah memberi tiketnya kepada ibu setelah 믐블리 디 몰 membeli di mal.
Nate	와 사마-사마 이부 사야 주가 상앗 므난띠깐 Wah, sama-sama. Ibu saya juga sangat menantikan 꼰세르냐 konsernya.
Lina	이부무 주가 수까 쁘냐늬 이뚜 Ibumu juga suka penyanyi itu?
Nate	야 바기 이부 사야 꼰세ㄹ 이뚜 상앗 쁜띵 Ya, bagi ibu saya konser itu sangat penting. 뭉낀 쁘냐늬 이뚜 브나ㄹ-브나ㄹ 뜨르끄날 빠다 게네라시 Mungkin penyanyi itu benar-benar terkenal pada generasi 이부 ibu.

한국어 해석

리나	네이트, 정보 고마워. 나 그 백화점에서 티켓을 사서 어머니께 드렸어.
네이트	와, 나도. 우리 엄마도 그 콘서트를 정말 기대하셔.
리나	너희 어머니도 그 가수를 좋아하시니?
네이트	응, 우리 엄마에게 그 콘서트는 정말 중요해. 아마도 그 가수는 어머니 세대에 정말 유명했나봐.

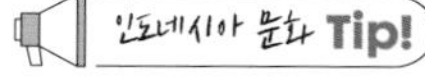

인도네시아 차량의 운전대는 한국과 반대로 오른쪽에 위치해 있습니다. 따라서 한국에서 능숙하게 운전하는 편이라고 해도 인도네시아 현지에서 거리 운전을 하기 전에는 충분한 연습이 필요합니다.

1. 녹음을 듣고 빈칸을 채워 넣어 올바른 문장을 만들어 보세요. Track 17-4

① Ibu sedang marah ______________.

② Bagi saya hari ini ______________.

③ Dompetku masih ada ______________.

④ Para murid tidak ______________ kepadanya.

⑤ Kita harus memberi surat ini ______________.

2. 다음 보기의 단어를 빈칸에 알맞게 넣어 올바른 문장을 만들어 보세요.

보기 pada / kepada / bagi

① Dia sangat bangga ______________ diri sendiri.
그는 스스로에게 정말 뿌듯해해요.

② Celana itu tidak cocok ______________ saya.
그 바지는 저에게 어울리지 않아요.

③ Tetangga itu minta bantuan ______________ keluarga saya.
그 이웃은 우리 가족에게 도움을 요청했어요.

정답

1. ① pada anaknya ② sangat penting ③ pada temanku ④ bertanya apa-apa
⑤ kepada pihak kedua
2. ① pada ② bagi ③ kepada

Kamu berdiskusi tentang apa saja?

당신은 무엇에 관해 회의했나요?

학습 목표

- 전치사 tentang에 대해 배워봅니다.
- 접사 se-nya에 대해 배워봅니다.

새 단어

발음에 유의하며 다음 단어를 듣고 따라 말해 보세요. Track 18-1

인도네시아어	독음	뜻
bercerita	브르쯔리따	이야기하다
budaya	부다야	문화
pasangan	빠상안	커플
adat istiadat	아닷 이스띠아닷	관습, 풍습
bangsa	방사	민족
jujur	주주ㄹ	솔직하다, 정직하다
betul	브뚤	옳다
sungguh	숭구ㅎ	정말로, 매우
sejarah	스자라ㅎ	역사
resep	레셉	레시피, 처방전
kejadian	끄자디안	상황, 사건
memperbaiki	믐쁘르바이끼	고치다
pengiriman	쁭이리만	발송
data	다따	데이터
kenyang	끄냥	배부르다
menghubungi	믕후붕이	~와(과) 연락하다

1. 전치사 tentang ~에 관해, ~에 대한

① 관련된 것에 대한 부연 설명

'~에 관해', '~에 대한'이라는 뜻으로 앞에서 언급한 것과 관련된 내용을 부연 설명할 때 tentang을 씁니다.

- **Nenek saya suka bercerita tentang budaya Korea.**
  저희 할머니는 한국 문화에 대해 이야기하는 걸 좋아하세요.
- **Tetangga baru pernah bertanya tentang keluarga kami.**
  이웃이 저희 가족에 대해 물어본 적이 있어요.
- **Akhirnya kita bisa mengerti masalah tentang harga.**
  결국 우리는 가격 관련 문제를 이해할 수 있었어요.
- **Pasangan itu masih bertengkar tentang hal yang kecil.**
  그 커플은 사소한 것에 대해 다투고 있어요.

② 유의어 mengenai

mengenai도 무언가에 대해 부연 설명할 때 tentang과 같은 의미로 쓸 수 있습니다. 다만 mengenai는 주로 격식체에서 씁니다.

- **Saya belum memiliki pendapatnya mengenai masalah utama.**
  저는 주요 문제에 대한 의견이 아직 없습니다.
- **Anak saya ingin tahu informasi mengenai adat istiadat bangsa itu.**
  제 아이는 그 민족의 관습에 대한 정보를 알고 싶어 합니다.
- **Masalah mengenai keluarga selalu tidak mudah.**
  가족 관련 문제는 늘 쉽지 않습니다.
- **Kedua pihak sedang berbicara mengenai hubungan mereka.**
  양측이 그들의 관계에 대해 대화하고 있습니다.

2. 접사 se-nya 더 ~한 것은

① 정도를 강조

형용사에 se-nya 접사를 붙여서 기본 의미를 더욱 확장시켜 표현할 수 있습니다. 예를 들어, sebaiknya는 '더 좋은 것은', sebenarnya는 '더 옳은 것은(사실은)', sesungguhnya는 '더 솔직하게는(사실은)'이라는 의미입니다.

- **Sebaiknya kita jujur kepada ibunya.** 우리는 어머니께 솔직한 게 더 좋아.
- **Sebenarnya saya kurang tahu adat-istiadat mereka.**
  실은 저는 그들의 관습을 잘 몰라요.
- **Sesungguhnya aku masih merindukan keluargaku.**
  사실 나는 여전히 가족들이 그리워.

② 당위성을 나타내는 표현

se-nya 접사가 '반드시'라는 의미인 harus 또는 mesti와 결합하면 '당연히 ~해야 하다'라는 의미가 되어 당위성을 나타낼 수 있습니다.

- **Seharusnya saya tidak lupa hal itu.** 저는 당연히 그 문제를 잊지 않아요.
- **Semestinya saya barangkat tadi…….** 저는 당연히 아까 출발했어야 했는데…….

③ 독촉을 나타내는 표현

se-nya 접사가 '빠른'이라는 의미인 cepat과 결합하면 '최대한 빨리'라는 의미가 됩니다. 동일한 의미로 secepat mungkin이라는 표현도 쓸 수 있습니다.

- **Kami akan menyelesaikan tugas itu secepatnya.**
  우리는 최대한 빨리 그 업무를 끝낼 거예요.
- **Kita harus mencari data-datanya secepat mungkin.**
  우리는 최대한 빨리 자료를 찾아야 해요.

필수 패턴

다음 문장을 세 번씩 따라 읽어 보세요.

끼따 스무아 므므를루깐 부꾸 뜬땅 스자라ㅎ 꼬레아
Kita semua memerlukan buku tentang sejarah Korea.

빠상안 이뚜 마시ㅎ 브르비짜라 뜬땅 부다야 즈빵
Pasangan itu masih berbicara tentang budaya Jepang.

믕으나이 쁜다빳 아야ㅎ 이부 블룸 믄자왑
Mengenai pendapat ayah, ibu belum menjawab.

아딕 사야 수다ㅎ 므망길 딱시 믈랄루이 뗄레뽄
Adik saya sudah memanggil taksi melalui telepon.

사야 블라자ㄹ 므마삭 믈랄루이 부꾸 레셉 이니
Saya belajar memasak melalui buku resep ini.

스바익냐 까무 브르시압-시압 운뚝 우지안 밍구 드빤
Sebaiknya kamu bersiap-siap untuk ujian minggu depan.

스하루스냐 끼따 브르뜨무 등안 삐학 이뚜
Seharusnya kita bertemu dengan pihak itu.

스브나르냐 끄자디안 이뚜 마시ㅎ 믄자디 마살라ㅎ 브사ㄹ
Sebenarnya kejadian itu masih menjadi masalah besar.

끼따 하루ㅅ 믐쁘르바익끼 라뽀란 이니 스쯔빳 뭉낀
Kita harus memperbaiki laporan ini secepat mungkin.

한국어 뜻을 보고 인도네시아어로 따라 쓰고 빈칸에 알맞은 말을 써 보세요.

저희는 모두 한국 역사와 관련된 도서가 필요해요.
Kita semua memerlukan buku ____________.

그 커플은 여전히 일본 문화에 대해 이야기하고 있었어요.
Pasangan itu masih berbicara ____________.

아버지의 의견에 대해 어머니는 아직 대답하지 않으셨어요.
____________ pendapat ayah, ibu belum menjawab.

제 동생은 전화로 택시를 불렀어요.
Adik saya sudah memanggil taksi ________ telepon.

저는 이 레시피 책을 통해 요리를 공부했어요.
Saya ____________ memasak melalui buku resep ini.

너는 다음 주 시험을 위해 준비하는 게 좋을 거야.
____________ kamu bersiap-siap untuk ujian minggu depan.

저희가 그 측과 만나봐야만 해요.
____________ kita bertemu dengan pihak itu.

사실 그 사건은 아직 큰 문제예요.
____________ kejadian itu masih menjadi masalah besar.

저희는 최대한 빨리 이 보고서를 고쳐야 합니다.
Kita harus memperbaiki laporan ini ____________.

실전 회화

Track 18-3

유카 까무 수다ㅎ 이꿋 라빳 따디
Andi Yuka, kamu sudah ikut rapat tadi?

수다ㅎ 스하루스냐 까무 주가 이꿋 깐
Yuka Sudah, seharusnya kamu juga ikut, kan?

야 따삐 사야 마시ㅎ 믕하다삐 따무냐 따디 브르디스꾸시
Andi Ya, tapi saya masih menghadapi tamunya. Tadi berdiskusi
뜬땅 아빠 사자
tentang apa saja?

뜬땅 른짜나 쁭이리만 바랑 반뚜안 단 다따-다따
Yuka Tentang rencana pengiriman barang bantuan dan data-data
끄아다안 스까랑
keadaan sekarang.

운뚝 른짜나 따훈 드빤 까무 수다ㅎ 물라이
Andi Untuk rencana tahun depan, kamu sudah mulai
믐부앗냐
membuatnya?

블룸 따삐 끼다 쁘를루 므닐르사이깐 스쯔빳 뭉낀
Yuka Belum, tapi kita perlu menyelesaikan secepat mungkin.

한국어 해석

안디 유카야, 너 아까 회의에 참석했어?

유카 응, 사실 너도 참석해야 했던 거 아니야?

안디 맞아, 근데 아직 손님을 맞이하고 있었어. 아까 무엇에 관해 회의했어?

유카 구호 물품 발송 계획이랑 현재 상황 데이터에 대해서 이야기했어.

안디 내년 계획 건은, 너는 작성 시작했니?

유카 아직. 하지만 우리 최대한 빨리 끝낼 필요는 있어.

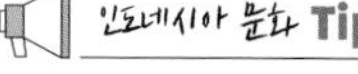

한국과 운전석 방향이 다르고 도로가 혼잡한 인도네시아 특성상, 현지에서 차량이 필요하다면 현지 도로 사정에 해박한 운전 기사를 포함하여 차량을 렌트하는 것도 좋은 방법입니다.

1. 녹음을 듣고 빈칸을 채워 넣어 올바른 문장을 만들어 보세요. Track 18-4

① Kita harus menyelesaikannya ________________.

② Sebenarnya ayah saya juga ________________.

③ ________________ kita tidak bisa makan malam karena masih kenyang.

④ ________________ saya sudah membuat laporan penting itu.

⑤ Kita harus mengirim surat ini ________________.

2. 다음 보기의 단어를 빈칸에 알맞게 넣어 올바른 문장을 만들어 보세요.

보기 sebenarnya / seharusnya / secepatnya

① ________________ kita menghubungi mereka secara langsung.
우리는 그에게 직접 연락해야만 해.

② ________________ budaya ini masih baru bagi saya.
사실 이 문화는 아직도 저에게 새로워요.

③ Saya harus memperbaiki komputer ini ________________.
저는 최대한 빨리 이 컴퓨터를 고쳐야 해요.

정답

1. ① secepat mungkin ② bangun terlambat ③ Sebetulnya ④ Sesungguhnya ⑤ secepat mungkin
2. ① Seharusnya ② Sebenarnya ③ secepatnya

Kalau begitu, langsung saja saya bertanya dulu.

그러면, 그냥 제가 먼저 여쭤볼게요.

학습 목표

- 접속사 kalau / jika / bila에 대해 배워봅니다.
- 접속사 seandainya에 대해 배워봅니다.

새 단어

발음에 유의하며 다음 단어를 듣고 따라 말해 보세요.

Track 19-1

인도네시아어	독음	뜻
jam tangan	잠 땅안	손목시계
mewah	메와ㅎ	고급스럽다
soal	소알	문제
hasil	하실	결과, 성과
kesepian	끄스삐안	외로움, 한적함
sesi	세시	세션, 기간
tanya jawab	따냐 자왑	질의응답
banjir	반지ㄹ	잠기다, 홍수가 나다
kemari	끄마리	이쪽으로
capai	짜빠이	피곤하다
akhir pekan	악히ㄹ 쁘깐	주말
kantor pos	깐또르 뽀ㅅ	우체국
presiden	쁘레시덴	대통령
melakukan	믈라꾸깐	(실행)하다
kenal	끄날	(사람을) 알다

1. 접속사 kalau / jika / bila (만약) ~라면, ~하면

① 상황을 가정

'(만약) ~라면'이라는 뜻으로 불확실하거나 아직 이루어지지 않은 사실을 가정해서 말할 때 접속사 kalau, jika, bila를 씁니다. 비격식체에서는 kalau, 격식체에서는 jika, 보다 더 정중한 격식체로는 bila를 주로 씁니다.

- **Saya sudah membeli jam tangan mewah untukmu kalau saya sudah kaya.**
  내가 부자였다면 널 위해 고급스러운 손목시계를 사줬을 거야.
- **Dia pasti berbelanja bersama ibu jika adikku tidak ada di rumah.**
  만약 동생이 집에 없으면 그는 분명히 어머니와 쇼핑을 하고 있을 거예요.
- **Soal ini sangat mudah bila tahu caranya.**
  방법을 안다면 이 문제는 아주 쉽습니다.

② 곧 일어날 일을 나타냄

kalau는 주로 비격식체에서 짧은 시간 내에 일어날 일을 말할 때 쓰입니다. 격식체에서는 jika로 대체하여 쓰기도 합니다.

- **Dia akan meneleponmu kalau sudah di kafe.**
  그가 카페에 도착하면 네게 전화할 거야.
- **Mohon panggil saya jika semuanya sudah datang.**
  모두가 오면 저를 불러주세요.

③ 의문대명사 bila의 쓰임

접속사 bila는 '(만약) ~라면'이라는 뜻으로 상황을 가정할 때 쓰이지만 bila가 의문대명사로 쓰이면 '언제'라는 의미입니다.

- **Bila saya bisa tahu hasilnya?** 언제 제가 결과를 알 수 있을까요?

2. 접속사 seandainya (만약) ~(했)더라면

① 더 나은 상황을 가정

사실상 일어나기 어려운 일에 대해 가정하거나, 아쉽거나 후회되는 일에 대해 더 나은 상황을 가정할 때 '(만약) ~(했)더라면'이라는 뜻으로 접속사 seandainya를 쓸 수 있습니다.

- **Seandainya dia masih ada di sini, aku pasti tidak akan kesepian seperti ini.**
  그가 아직 여기에 있었다면, 난 분명 이렇게까지 외롭지 않았을 거야.
- **Seandainya adikku tidak bermain game, maka PRnya akan selesai dari tadi.**
  내 동생이 게임을 하지 않았다면, 그는 아까 숙제를 다 끝냈을 거야.

② kalau, bila, jika와 seandainya의 차이

kalau, bila, jika가 들어간 문장은 앞뒤 절을 서로 바꾸어 쓸 수 있습니다. 하지만 seandainya가 들어간 문장은 상황을 가정하는 절이 항상 앞에 오며 앞뒤 절을 바꾸어 쓸 수 없습니다.

- **Jika tidak ada pertanyaan lagi, kami ingin menutup sesi tanya jawab.**
  (= Kami ingin menutup sesi tanya jawab, jika tidak ada pertanyaan lagi.)
  질문 없으시면, 저희는 질의응답 세션을 마치도록 하겠습니다.
- **Kita bisa pulang tepat waktu, seandainya jalan ini tidak banjir.** (X)
- **Seandainya jalan ini tidak banjir, kita bisa pulang tepat waktu.** (○)
  이 길이 잠기지 않았다면, 우리는 제시간에 귀가할 수 있었을 거예요.

필수 패턴

다음 문장을 세 번씩 따라 읽어 보세요.

똘롱 다땅 끄마리 깔라우 수다ㅎ 방운
Tolong datang kemari kalau sudah bangun.

모혼 믕으쩩 꼬란 이니 지까 슴빳
Mohon mengecek koran ini jika sempat.

스안다이냐 비사 방운 잠 으남 빠스띠 아꾸 띠닥 뜨르람밧
Seandainya bisa bangun jam 6, pasti aku tidak terlambat.

이스띠라핫라ㅎ 빌라 까무 짜빠이
Istirahatlah bila kamu capai.

깔라우 악히ㄹ 쁘깐 드빤 므레까 아깐 쁘르기 끄 마나
Kalau akhir pekan depan mereka akan pergi ke mana?

빌라 디아 아깐 브르꾼중 끄 깐또ㄹ 뽀ㅅ 라기
Bila dia akan berkunjung ke kantor pos lagi?

지까 까무 믄자디 쁘레시덴 잉인 믈라꾸깐 아빠 사자
Jika kamu menjadi presiden, ingin melakukan apa saja?

띠닥 아깐 살라ㅎ 라기 지까 까깍 쪼바 라기
Tidak akan salah lagi jika kakak coba lagi.

스무아 오랑 아깐 쁘르짜야 안다 빌라 안다 슬랄루 주주ㄹ
Semua orang akan percaya Anda bila Anda selalu jujur.

한국어 뜻을 보고 인도네시아어로 따라 쓰고 빈칸에 알맞은 말을 써 보세요.

일어났으면 여기로 와 주세요.
Tolong datang kemari ______ sudah bangun.

시간 되시면 이 신문 좀 확인해 주세요.
Mohon mengecek koran ini ______ sempat.

6시에 일어날 수 있었다면, 분명 난 늦지 않았을 거예요.
______ bisa bangun jam 6, pasti aku tidak terlambat.

너는 피곤하면 쉬어.
Istirahatlah ______ kamu capai.

다음 주말에 그들은 어디에 갈 건가요?
Kalau ______ depan mereka akan pergi ke mana?

그는 언제 다시 우체국에 방문하나요?
Bila dia akan berkunjung ke kantor ______ lagi?

당신이 대통령이 된다면, 무엇을 하고 싶나요?
Jika kamu menjadi presiden, ingin ______?

언니가 다시 시도한다면 또 틀리지 않을 거예요.
Tidak akan ______ lagi jika kakak coba lagi.

당신이 언제나 솔직하다면 모든 사람들은 당신을 믿을 거예요.
Semua orang ______ Anda bila Anda selalu jujur.

실전 회화

Track 19-3

안디 사야 마우 브르비짜라 스븐따ㄹ 지까 슴빳
Yuka Andi, saya mau berbicara sebentar jika sempat.

야 실라깐 아다 아빠 유까
Andi Ya, silakan. Ada apa, Yuka?

까무 수다ㅎ 끄날 바빠 최 깐 사야 마우 라빳
Yuka Kamu sudah Kenal bapak Choi, kan? Saya mau rapat
브르사마냐 깔라우 비사
bersamanya kalau bisa.

오 야 까빤 까무 마우 라빳
Andi Oh, ya? Kapan kamu mau rapat?

스쯔빳 뭉낀 까르나 끼따 하루ㅅ 브르디스꾸시 바냑 할
Yuka Secepat mungkin, karena kita harus berdiskusi banyak hal.

깔라우 브기뚜 랑숭 사자 사야 브르따냐 둘루
Andi Kalau begitu, langsung saja saya bertanya dulu.

한국어 해석

유카 안디, 시간 되면 잠깐 이야기를 나누고 싶어.

안디 응, 그래. 무슨 일이야, 유카?

유카 너 최 선생님과 아는 사이지? 가능하다면 나는 그분과 회의하고 싶어.

안디 오, 그래? 회의는 언제 하려고?

유카 가능한 빨리. 왜냐하면 많은 부분에 대해 이야기를 나누어야 하거든.

안디 그러면, 그냥 내가 먼저 여쭤볼께.

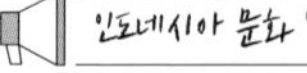

인도네시아 문화 Tip!

우리가 배우는 인도네시아어는 공용어이며, 800여 개의 방언이 따로 존재합니다. 따라서 거주하는 지역의 방언을 배워보는 것도 현지 문화를 파악하는 좋은 방법이 될 수 있습니다.

연습 문제

1. 녹음을 듣고 빈칸을 채워 넣어 올바른 문장을 만들어 보세요. Track 19-4

① Tidak akan gagal lagi jika kamu ____________.

② Saya mau pergi sekarang ____________.

③ Bila kamu ____________ komputer ini?

④ ____________, Anda bisa menjadi apa saja.

⑤ Seandainya dia masih ada di sini, aku pasti tidak ____________.

2. 다음 보기의 단어를 빈칸에 알맞게 넣어 올바른 문장을 만들어 보세요.

보기 bila / kalua / seandainya

① ____________ kita bisa berbicara sebentar?
언제 우리 잠시 이야기 나눌 수 있을까요?

② Kapan-kapan kita makan bersama ____________ sempat.
시간 되면 언제 우리 같이 밥 먹어요.

③ ____________ hari ini cerah, kita pasti akan berjalan-jalan ke taman.
오늘 맑았더라면, 우리는 반드시 공원으로 산책 갔을 텐데.

정답

1. ① coba lagi ② kalau bisa ③ memperbaiki ④ Bila Anda rajin ⑤ akan kesepian
2. ① Bila ② kalau ③ Seandainya

Saya lahir di sini terus tidak pernah pindah ke kota lain.

저는 여기서 태어나서 다른 도시로 이사한 적이 없어요.

학습 목표

- terus의 다양한 쓰임에 대해 배워봅니다.
- lalu / kemudian에 대해 배워봅니다.

새 단어

발음에 유의하며 다음 단어를 듣고 따라 말해 보세요. Track 20-1

인도네시아어	독음	뜻
tengah hari	뜽아ㅎ 하리	정오
bundaran	분다란	원형 교차로
makanan laut	마까난 라웃	해산물
barat	바랏	서양, 서(쪽)
menengok	므넹옥	문병하다
membungkus	믐붕꾸ㅅ	포장하다
peserta	쁘스르따	참석자
pelanggan	쁠랑간	고객
uang kembalian	우앙 끔발리안	잔돈, 거스름돈
topi	또삐	모자
kacamata	까짜마따	안경
awal	아왈	처음, 초기
lalu lintas	랄루 린따ㅅ	교통

1. terus의 다양한 쓰임 계속하다 / 그래서 / 그리고

① 지속됨을 나타냄

terus는 가장 기본적으로 '계속하다', '직진하다'라는 뜻의 동사로 쓰입니다.

- **Bayi itu terus tidur sampai tengah hari.** 그 아기는 정오까지 계속 자요.
- **Tolong terus saja sampai bundaran sana.** 저기 원형 교차로까지 직진해 주세요.

② 화자의 말에 대해 반응

화자의 다음 이야기를 궁금해하거나 재촉하는 반응을 할 때 '그래서, 이어서 ~했나요?'라는 의미로 terus를 사용할 수 있습니다.

A Tadi kami mau makan makanan laut tapi restorannya tidak membuka.
저희가 아까 해산물을 먹으려고 했는데, 그 식당이 문을 안 연 거예요.

B Terus gimana? 그래서 어떻게 했어요?

A Mau tidak mau kami harus makan makanan barat.
어쩔 수 없이 양식을 먹어야 했어요.

③ 연이어 일어난 일들을 나열

시간적으로 연이어 일어난 일들을 이야기할 때 terus를 써서 '그리고'라는 의미를 나타낼 수 있습니다. 주로 구어체에서 사용합니다.

- **Kita menengok teman yang sakit terus pulang bersama.**
  우리는 아픈 친구 문병을 갔다가 같이 귀가했어요.
- **Saya memesan makanan terus minta membungkusnya.**
  저는 음식을 주문하고 포장을 요청했어요.

2. lalu / kemudian 그리고 / ~이전, ~이후

① 연이어 일어난 일들을 나열

시간적으로 연이어 일어난 일들을 이야기할 때 terus와 같은 의미인 '그리고'라는 뜻으로 lalu 또는 kemudian도 쓸 수 있습니다. 단, 이때는 두 사건 사이에 반드시 쉼표를 넣어 구분해야 합니다.

- **Para peserta berapat jam 9 pagi, lalu kembali ke kantor masing-masing.**
  참석자들은 9시에 회의를 하고, 각자의 사무실로 돌아갔습니다.
- **Pelanggan membayar, kemudian petugas memberi uang kembalian.**
  고객이 계산을 하자, 담당자는 잔돈을 줬어요.

② 날짜나 시간 표현에 쓰일 때

날짜나 시간 표현 뒤에 lalu를 쓰면 이전 시기를 뜻하고, kemudian을 쓰면 이후 시기를 뜻합니다. 예를 들어, 1 jam lalu는 '한 시간 전', 1 jam kemudian은 '한 시간 후'를 나타냅니다.

- **Saya sudah mematikan komputernya 2 jam lalu.**
  저는 2시간 전에 이미 컴퓨터를 종료했어요.
- **Saya menyalakan komputer lagi tidak lama kemudian.**
  저는 오래 지나지 않아 다시 컴퓨터를 켰어요.

필수 패턴

다음 문장을 세 번씩 따라 읽어 보세요.

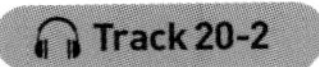

뜨루ㅅ 쁘스르따 아깐 다땅 스븐따ㄹ 라기
Terus peserta akan datang sebentar lagi?

아딕꾸 뿔랑 뜨루ㅅ 띠두ㄹ
Adikku pulang terus tidur.

끼따 마깐 뜨루ㅅ 삼빠이 끄냥
Kita makan terus sampai kenyang.

끌루아르가 사야 뜨루ㅅ 띵갈 디 시니 삼빠이 스까랑
Keluarga saya terus tinggal di sini sampai sekarang.

사야 믐블리 또삐 디 시니 랄루 믐블리 까짜마따 디 사나
Saya membeli topi di sini, lalu membeli kacamata di sana.

디아 믕아자ㄹ 디 끌라ㅅ 아 끄무디안 믕아자ㄹ 디 끌라ㅅ 쩨
Dia mengajar di kelas A, kemudian mengajar di kelas C.

수아라 이뚜 띠닥 브리식 라기 브브라빠 잠 끄무디안
Suara itu tidak berisik lagi beberapa jam kemudian.

밍구 랄루 끼따 쁘르나ㅎ 브르잔지 운뚝 마깐 브르사마
Minggu lalu kita pernah berjanji untuk makan bersama.

무리ㄷ 양 다땅 끄무디안 쁘를루 므눙구 리마 므닛
Murid yang datang kemudian perlu menunggu 5 menit.

한국어 뜻을 보고 인도네시아어로 따라 쓰고 빈칸에 알맞은 말을 써 보세요.

그럼 참석자는 잠시 후에 도착하나요?

Terus ________ akan datang sebentar lagi?

제 동생은 집에 와서 곧장 자요.

Adikku pulang ________ tidur.

우리는 배가 부를 때까지 먹었어요.

Kita makan terus sampai ________.

저희 가족은 지금까지 계속 여기에 살았어요.

Keluarga saya terus ________ sampai sekarang.

저는 여기에서 모자를 사고, 저기에서 안경을 사요.

Saya membeli topi di sini, lalu ________ di sana.

그는 A반에서 가르치고, C반에서 가르칩니다.

Dia mengajar di kelas A, ________ mengajar di kelas C.

몇 시간 뒤에 그 소리는 더 이상 시끄럽지 않았어요.

Suara itu ________ lagi beberapa jam kemudian.

지난주에 우리는 같이 식사하기로 약속했어요.

________ kita pernah berjanji untuk makan bersama.

뒤이어 온 학생은 5분간 기다려야 해요.

Murid yang ________ perlu menunggu 5 menit.

실전 회화

Track 20-3

Andi
따훈 랄루 까무 마시ㅎ 디 즈빵
Tahun lalu kamu masih di Jepang?

Yuka
야 사앗 이뚜 사야 마시ㅎ 디 즈빵 랄루 삔다ㅎ 끄 시니 아왈
Ya, saat itu saya masih di Jepang, lalu pindah ke sini awal
따훈 이니
tahun ini.

Andi
뜨루ㅅ 수다ㅎ 브라빠 라마 디 시니
Terus, sudah berapa lama di sini?

Yuka
수다ㅎ 마우 스따훈 두아 불란
Sudah mau setahun 2 bulan.
깔라우 까무 뜨루스 사자 띵갈 디 꼬따 이니 깐
Kalau kamu, terus saja tinggal di kota ini, kan?

Andi
야 사야 라히ㄹ 디 시니 뜨루ㅅ 띠닥 쁘르나ㅎ 삔다ㅎ 끄 꼬따 라인
Ya, saya lahir di sini terus tidak pernah pindah ke kota lain.

한국어 해석

안디 작년에 너는 아직 일본이었지?

유카 응, 그때는 아직 일본이었고 올해 초에 여기로 이사 왔어.

안디 그래서 여기에 산 지는 얼마나 된 거야?

유카 두 달이 지나면 1년째야.
너는 이 도시에서 계속 살지 않았어?

안디 응, 나는 여기서 태어나서 다른 도시로 이사한 적이 없어.

인도네시아 문화 Tip!

인도네시아에는 다양한 인종과 종족이 있고 그만큼 결혼 문화도 각양각색입니다. 보통 두 번의 결혼식을 올리는데, 가족들과 먼저 집안 종교에 따른 예식을 올린 다음 하객들을 초청해 일반적인 결혼식을 한 번 더 올리곤 합니다.

1. 녹음을 듣고 빈칸을 채워 넣어 올바른 문장을 만들어 보세요. Track 20-4

① 2 hari lalu kita ________________, kemudian bertemu hari ini.

② Pelanggan itu memesan makanan, lalu minta ________________.

③ 3 hari ________________ acara itu telah mulai.

④ Kita ________________ sampai lapar.

⑤ Para murid sudah datang di ruangan itu, ________________ orang tuanya.

2. 다음 중 해석이 올바른 문장은 ○표시를, 틀린 문장에는 X표시를 하세요.

① Kami harus mengecek dulu situasi lalu lintas di luar. ( )
우리는 밖의 교통상황을 먼저 확인해야 해요.

② Dia berbicara terus di dalam kelas itu. ( )
그는 말하면서 그 교실 안으로 들어갔어요.

③ 3 hari lalu dia menengok teman di rumah sakit. ( )
그는 3일 전에 병원에 있는 친구를 문병했어요.

정답

1. ① sudah janji ② membungkusnya ③ kemudian ④ mengobrol terus ⑤ lalu menunggu
2. ① ○ ② X (그는 교실 안에서 계속 말했어요.) ③ ○

Timnas Indonesia akhirnya jadi juara.

인도네시아 국가대표팀이 결국 우승했어요.

학습 목표

- 접속사 jadi에 대해 배워봅니다.
- 동사 jadi에 대해 배워봅니다.

새 단어

발음에 유의하며 다음 단어를 듣고 따라 말해 보세요.

Track 21-1

인도네시아어	독음	뜻
timnas (Tim Nasional)	띰나ㅅ (띰 나시오날)	국가대표팀
juara	주아라	우승자, 챔피언
menginap	믕이납	머물다, 숙박하다
berbahaya	브르바하야	위험하다
gigi	기기	치아
dokter gigi	독뜨ㄹ 기기	치과 의사
rusak	루삭	고장 나다, 망가지다
perut	쁘룻	배, 복부
busuk	부숙	상하다
hobi	호비	취미
kamar tidur	까마ㄹ 띠두ㄹ	침실
merayakan	므라야깐	기념하다
kurus	꾸루ㅅ	마르다

1. 접속사 jadi 그래서, ~해서

① 전체 내용을 요약

접속사 jadi는 '그래서', '그러니까'라는 뜻으로 전반적인 내용이나 전체 대상에 대해 마지막으로 한 번에 정리할 때 씁니다.

- **Jadi, total berapa?** 그래서 모두 얼마예요?
- **Jadi, kita harus menginap sehari lagi agar tidak berbahaya.**
  그러니까 우리가 위험하지 않으려면 하루 더 머물러야 해요.

② 유의어 sehingga

sehingga는 '그래서', '~해서'라는 의미로 jadi와 비슷한 상황에서 쓸 수 있지만, 한 문장 안에 원인과 결과가 모두 나타나는 경우에 쓸 수 있습니다. 이와 달리 jadi는 결과만 나타내는 경우에도 쓸 수 있습니다.

- **Gigi dia sakit terus sehingga dia ke dokter gigi hari ini.**
  그의 치아가 계속 아파서 그는 오늘 치과에 갔어요.
- **AC di kamar itu sudah rusak sehingga kamarnya sangat panas sekarang.**
  그 방의 에어컨이 고장 나서 지금 그 방은 정말 더워요.

③ 유의어 maka

maka는 sehingga와 같은 '그래서', '~해서'라는 의미로 구어체에서 자주 쓰입니다. maka에 -nya 접사를 붙이면 '그러니까'라는 의미로 쓸 수 있습니다.

- **Saya pernah sakit perut setelah makan mangga busuk maka tidak mau makan lagi.**
  저는 상한 망고를 먹고 배가 아팠던 적이 있어서 다시 먹고 싶지 않아요.
- **Makanya.** 그러니까요.

2. 동사 jadi ~하게 되다, ~이(가) 되다

① 예정대로 진행됨을 나타냄

동사 jadi는 '~하게 되다'라는 뜻으로, 정해진 일정대로 진행되거나 취소 없이 예상대로 진행되는 일을 이야기할 때 주로 쓰입니다. 또한 jadi 뒤에 -nya 접사를 붙이면 '결과적으로'라는 의미로 쓸 수 있습니다.

- **Kemarin dia jadi pergi ke Bogor.** 어제 그는 보고르로 가게 되었어요.
- **Jadinya bagaimana?** 결과적으로 어떻게 되었나요?

② 새롭게 변화되거나 완성된 상태를 나타냄

새로 변화되었거나 물건 혹은 상태가 완성되었을 때 '(변화 · 완성)되다'라는 의미로 쓸 수 있습니다.

- **Hobi itu sudah jadi biasa.** 그 취미는 이제 일상이 되었어요.
- **Saya sudah membeli rumah itu tetapi kamar tidur belum jadi.**
  저는 집을 구매했지만 침실은 아직 완성되지 않았어요.

③ 다른 단어와 함께 쓰는 경우

jadi와 다른 단어가 만나면 그 의미가 확장되어 완전히 새로운 뜻이 되기도 합니다. 해당 단어들은 정해진 규칙이 없으므로 각각 기억해 두어야 합니다.

- **Industri memproduksi barang setengah jadi atau barang jadi.**
  산업은 반제품 또는 완제품을 생산합니다. (반제품/완제품)
- **Kami ingin merayakan hari jadi kota Surabaya ke-730.**
  저희는 수라바야시의 730번째 설립일을 축하합니다. (설립일, 탄생일)

필수 패턴

다음 문장을 세 번씩 따라 읽어 보세요.

자디 끼따 비사 므라야깐 브르사마 깔리 이니
Jadi, kita bisa merayakan bersama kali ini.

자디 므레까 띠닥 비사 믕이납 디 사나
Jadi, mereka tidak bisa menginap di sana.

자디 므레까 하루ㅅ 므마띠깐 아쎄냐
Jadi, mereka harus mematikan ACnya.

아빠까ㅎ 바랑 이뚜 수다ㅎ 자디
Apakah barang itu sudah jadi?

악히르냐 쁘마인 이뚜 수다ㅎ 자디 주아라 두니아
Akhirnya pemain itu sudah jadi juara dunia.

쁘루사하안 까미 믐쁘로둑시 바랑 스뜽아ㅎ 자디
Perusahaan kami memproduksi barang setengah jadi.

디아 수다ㅎ 믐블리 빠까이안 자디
Dia sudah membeli pakaian jadi.

아깐 아다 아짜라 운뚝 므라야깐 하리 자디 꼬따 까미
Akan ada acara untuk merayakan hari jadi kota kami.

까르나 마시ㅎ 브르바하야 디 루아ㄹ 아꾸 띠닥 자디 끄 루마ㅎ무
Karena masih berbahaya di luar, aku tidak jadi ke rumahmu.

한국어 뜻을 보고 인도네시아어로 따라 쓰고 빈칸에 알맞은 말을 써 보세요.

그래서 우리는 이번에 함께 축하할 수 있어요.
Jadi, kita bisa ______ bersama kali ini.

그러니까 그들은 돈이 부족해서 그곳에서 잘 수 없었어요.
Jadi, mereka tidak bisa ______ di sana.

그래서 그들은 에어컨을 꺼야 해요.
______, mereka harus mematikan ACnya.

그 물건은 다 준비되었나요?
Apakah barang itu ______ jadi?

결국 그 선수는 세계 챔피언이 되었어요.
Akhirnya pemain itu sudah jadi ______ dunia.

우리 회사는 반제품을 생산합니다.
Perusahaan kami memproduksi barang ______.

그는 기성복을 구매했어요.
Dia sudah membeli ______.

우리 도시의 설립일을 축하하기 위한 행사가 있을 거예요.
Akan ada acara untuk ______ kota kami.

밖이 아직 위험해서 나는 너희 집에 못 가게 되었어.
Karena ______ di luar, aku tidak jadi ke rumahmu.

실전 회화

Track 21-3

Yuka	와 까무 수다ㅎ 므논똔 쁘르딴딩안 끄마린 Wah, kamu sudah menonton pertandingan kemarin?
Andi	블룸 따삐 사야 수다ㅎ 따후 하실냐 Belum, tapi saya sudah tahu hasilnya. 띰나ㅅ 인도네시아 악히르냐 자디 주아라 야 Timnas Indonesia akhirnya jadi juara, ya?
Yuka	브나ㄹ 자디 까무 하루ㅅ 다땅 말람 이니 Benar! Jadi, kamu harus datang malam ini. 끼다 하루ㅅ 므라야깐 브르사마 Kita harus merayakan bersama!
Andi	아요 사야 빠스띠 이꿋 깔라우 띠닥 아다 름부ㄹ Ayo! Saya pasti ikut kalau tidak ada lembur.

한국어 해석

유카	와, 너 어제 경기 봤니?
안디	아직. 하지만 나 결과는 이미 알고 있어. 인도네시아 국가대표팀이 결국 우승했지?
유카	맞아! 그래서 너도 이따 저녁에 꼭 와야 해. 우리 함께 축하해야 해!
안디	그래! 야근이 없다면 꼭 참석할게.

인도네시아 문화 Tip!

인도네시아에는 가족과의 시간을 중시하는 문화가 자리잡혀 있어 야근은 물론 저녁 회식도 지양하는 편입니다. 따라서 회식은 점심에 진행하는 게 일반적이고, 큰 사내 행사가 있으면 임직원들의 가족들까지 모두가 행사에 참여하기도 합니다.

연습 문제

1. 녹음을 듣고 빈칸을 채워 넣어 올바른 문장을 만들어 보세요. Track 21-4

① Apakah kita ______________________?

② Dia terlambat terus ______________ atasan itu marah kepadanya.

③ Akhirnya pemain itu sudah ______________________.

④ Jalan itu ______________________ sehingga mereka harus menginap di hotel lagi.

⑤ Kami akan merayakan ______________ sekolah kami.

2. 다음 문장에서 jadi가 들어가기에 적합한 위치를 골라 보세요.

① (1), kamu (2) mau yang mana (3)?
그래서 너는 뭘로 하고 싶어?

② Dia tidak (1) pernah makan (2) banyak (3) kurus.
그 아이는 많이 먹은 적이 없어서 말랐어요.

③ Banjir (1) di sini (2) sudah (3) biasa.
이곳의 홍수는 이제 일상이 되었어요.

정답

1. ① jadi makan bersama ② sehingga ③ jadi juara dunia ④ masih berbahaya ⑤ hari jadi
2. ① 1 ② 3 ③ 3

Tapi tadi saya naik bus
yang arah sebaliknya.

그런데 저는 아까 반대 방향 버스를 탔어요.

학습 목표

- 접속사 tetapi에 대해 배워봅니다.
- 접속부사 akan tetapi / sebaliknya에 대해 배워봅니다.

새 단어

발음에 유의하며 다음 단어를 듣고 따라 말해 보세요.

Track 22-1

인도네시아어	독음	뜻
arah	아라ㅎ	방향
usaha	우사하	사업
pengusaha	뻥우사하	사업가
pelit	쁠릿	인색하다
majalah	마잘라ㅎ	잡지
wajib	와집	의무적이다
militer	밀리떼ㄹ	군대, 군인
mengubah	믕우바ㅎ	변환하다, 바꾸다
gemuk	그묵	뚱뚱하다
diam	디암	조용하다, 움직이지 않다
sadar	사다ㄹ	인지하다, 깨닫다
lulus	룰루ㅅ	통과하다
pagi/siang/malam ini	빠기/시앙/말람 이니	오늘 아침/점심/저녁
pagi/siang/malam hari	빠기/시앙/말람 하리	아침/점심/저녁 때

1. 접속사 tetapi ~(하지)만, ~대신

① 상반되는 앞뒤 내용을 연결

tetapi는 앞과 뒤의 내용이 서로 상반되거나 모순될 때 '~(하지)만', '~대신'이라는 뜻으로 쓰입니다. 구어체에서는 tapi로 줄여 쓰는 경우가 많고, 앞 절은 생략하기도 합니다.

- **Pria itu tidak menjawab, tetapi tersenyum saja.**
  그 남성은 대답 대신 미소만 지었어요.
- **Pengusaha itu kaya, tapi pelit.**
  그 사업가는 부유하지만 구두쇠예요.

② 유의어 padahal과 sedangkan

padahal과 sedangkan도 비슷한 의미로 쓸 수 있으나, 모순되는 상황을 더욱 강조하는 어감을 가집니다. 앞뒤 내용의 주어가 동일할 때는 padahal, 다를 때는 sedangkan을 씁니다.

- **Tugasnya sangat banyak, padahal sudah biasa baginya.**
  그의 일은 정말 많지만, 그에겐 이미 일상이에요.
- **Wanita itu sangat kurus, sedangkan adiknya tidak.**
  그 여성은 아주 말랐지만, 동생은 그렇지 않아요.

③ 문장에서의 위치

tetapi, padahal, sedangkan이 들어가는 문장의 앞뒤 절은 자리를 바꿀 수 없습니다.

- **Dia seharusnya sangat sibuk, tetapi malas saja hari ini.**
  그는 정말 바빠야 하지만 오늘 게으르게만 있어요.
- **Aku suka kucing, sedangkan adikku tidak.**
  나는 고양이를 좋아하지만 내 동생은 안 좋아해.

2. 접속부사 akan tetapi / sebaliknya

접속부사	뜻
akan tetapi / namun	하지만, 그러나(역접)
sebaliknya	반면에, 반대로(대비)

① 역접을 나타냄

akan tetapi는 '하지만', '그러나'라는 뜻으로, 내용이 서로 상반되는 앞 문장과 뒷 문장을 이어주며 역접을 나타냅니다. namun 역시 akan tetapi와 동일하게 사용할 수 있습니다.

- **Kondisi bapak sudah membaik. Akan tetapi, Bapak harus tetap hati-hati.**
  선생님의 상태는 회복되었어요. 그러나 계속해서 조심하셔야 해요.
- **Dia suka membaca. Namun dia tidak membaca majalah.**
  그는 읽는 걸 좋아해요. 하지만 그는 잡지는 읽지 않아요.

② 대비를 나타냄

Sebalikya는 '반면에'라는 뜻으로 앞 문장과 뒷 문장의 내용이 서로 완전히 대비될 때 씁니다. 한 문장 안에서 쓰일 때는 '반대로'라는 의미가 됩니다.

- **Laki-laki Korea harus ikut wajib militer. Sebalikya laki-laki Indonesia tidak wajib.**
  한국 남성은 병역 의무를 따라야 합니다. 반면 인도네시아 남성은 의무가 아닙니다.
- **Program ini bisa mengubah dari Word ke PDF atau sebaliknya.**
  이 프로그램은 워드에서 PDF로 혹은 그 반대로 변환할 수 있어요.

필수 패턴

다음 문장을 세 번씩 따라 읽어 보세요. Track 22-2

디아 수까 마깐 바냑 뜨따삐 띠닥 그묵
Dia suka makan banyak tetapi tidak gemuk.

이부 띠닥 마라ㅎ 뜨따삐 뜨땁 디암 사자
Ibu tidak marah tetapi tetap diam saja.

디아 수다ㅎ 방운 빠다할 띠닥 브끄르자 하리 이니
Dia sudah bangun padahal tidak bekerja hari ini.

이부 음바짜 노벨 스당깐 아야ㅎ 음바짜 마잘라ㅎ
Ibu membaca novel sedangkan ayah membaca majalah.

쁭우사하 이뚜 수다ㅎ 까야 나문 디아 믐부까 우사하 라기
Pengusaha itu sudah kaya. Namun dia membuka usaha lagi.

이부 수다ㅎ 사다ㄹ 시뚜아시 이니 스발릭냐 아낙냐 블룸
Ibu sudah sadar situasi ini. Sebaliknya anaknya belum.

빠기 이니 아꾸 미눔 꼬삐 따삐 뜨만꾸 띠닥
Pagi ini aku minum kopi, tapi temanku tidak.

하리 이니 와집 름부ㄹ 나문 브브라빠 오랑 수다ㅎ 뿔랑
Hari ini wajib lembur. Namun beberapa orang sudah pulang.

사야 띠닥 비사 룰루ㅅ 빠다할 사야 블라자ㄹ 등안 라진
Saya tidak bisa lulus, padahal saya belajar dengan rajin.

한국어 뜻을 보고 인도네시아어로 따라 쓰고 빈칸에 알맞은 말을 써 보세요.

그는 많이 먹지만 뚱뚱하지 않아요.
Dia suka makan banyak tetapi tidak ______.

어머니는 화를 내는 대신 그저 조용히 계세요.
Ibu tidak marah ______ tetap diam saja.

그는 오늘 일을 하지 않는데도 이미 일어났어요.
Dia sudah bangun ______ tidak bekerja hari ini.

어머니는 소설을 읽으시는 반면 아버지는 잡지를 읽고 계세요.
Ibu membaca novel ______ ayah membaca majalah.

그 사업가는 이미 부유해요. 그러나 그는 또 사업을 열어요.
______ sudah kaya. Namun dia membuka usaha lagi.

어머니는 이 상황을 인지했어요. 반면 아이는 아직이에요.
Ibu sudah sadar situasi ini. ______ anaknya belum.

오늘 아침에 나는 커피를 마셨지만 내 친구는 안 마셨어.
______ aku minum kopi, tapi temanku tidak.

오늘은 의무적으로 야근을 해야 합니다. 하지만 일부는 이미 퇴근했습니다.
______. Namun beberapa orang sudah pulang.

저는 열심히 공부했음에도 통과할 수가 없었어요.
______, padahal saya belajar dengan rajin.

실전 회화

Track 22-3

Yuka　Andi, kamu berapa lama lagi?
(안디 까무 브라빠 라마 라기)

Andi　Saya masih di jalan. Sepertinya saya tidak bisa sampai tepat waktu.
(사야 마시ㅎ 디 잘란 스쁘르띠냐 사야 띠닥 비사 삼빠이 뜨빳 왁뚜)

Yuka　Eh, kamu naik bus setengah jam tadi, kan?
(에 까무 나익 부ㅅ 스뜽아ㅎ 잠 따디 깐)

Andi　Ya, tapi tadi saya naik bus yang arah sebaliknya.
(야 따삐 따디 사야 나익 부ㅅ 양 아라ㅎ 스발릭냐)
Terus saya baru saja sadar. Jadi, mau naik bus yang benar sekarang.
(뜨루ㅅ 사야 바루 사자 사다ㄹ 자디 마우 나익 부ㅅ 양 브나ㄹ 스까랑)

Yuka　Ampun!
(암뿐)

한국어 해석

유카　안디, 너 얼마나 더 남았니?

안디　아직 가는 길이야. 나 제시간에 도착할 수 없을 것 같아.

유카　응? 너 아까 30분 전에 버스타지 않았어?

안디　응, 그런데 나는 아까 반대 방향 버스를 탔어.
그리고 이제 막 깨달았어. 그래서 지금 올바른 버스를 타려고 해.

유카　세상에!

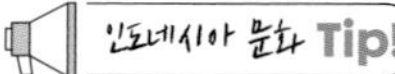

인도네시아 문화 Tip!

우리나라에선 어린아이가 귀여우면 머리를 쓰다듬기도 하지만, 인도네시아 사람들은 머리에 영혼이 머문다고 믿기 때문에 어린아이의 머리를 손으로 만지는 것은 결례가 될 수 있습니다. 따라서 함부로 아이의 머리를 쓰다듬어서는 안 됩니다.

연습 문제

1. 녹음을 듣고 빈칸을 채워 넣어 올바른 문장을 만들어 보세요. Track 22-4

① Tapi kamu harus ____________________, kan?

② Cuaca hari ini panas, ____________________ dia merasa dingin.

③ Program ini bisa ganti dari Word ke PDF ____________________?

④ Ayahku suka naik gunung, ____________________ saya tidak suka.

⑤ Dia sudah kaya, ____________________.

2. 다음 보기의 단어를 빈칸에 알맞게 넣어 올바른 문장을 만들어 보세요.

보기 tetapi / akan tetapi / sebaliknya

① Peserta itu kalah. ____________________ dia tidak mau menerimanya.
그 참가자는 패배했어요. 하지만 그는 받아들이려 하지 않아요.

② Toko yang baru itu ramai. ____________________ toko yang lama sering sepi.
그 새 가게는 붐빕니다. 반면에 오래된 가게는 주로 한산해요.

③ Pagi hari panas, ____________________ siang hari kurang panas.
아침에는 더웠지만 점심에는 덜 더웠어요.

정답

1. ① lulus kali ini ② padahal ③ atau sebaliknya ④ sedangkan ⑤ tetapi pelit
2. ① Akan tetapi ② Sebaliknya ③ tetapi

Kami harus menunggu lama-lama.

우리는 오래 기다려야 해요.

학습 목표

- 명사 중첩과 형용사 중첩에 대해 배워봅니다.
- 동사 중첩에 대해 배워봅니다.

새 단어

발음에 유의하며 다음 단어를 듣고 따라 말해 보세요.

Track 23-1

인도네시아어	독음	뜻
lulusan	룰루산	졸업자, 합격자
hanya	하냐	그저, 단지
pantai	빤따이	바닷가
hati	하띠	심장, 마음
berdebar-debar	브르드바ㄹ-드바ㄹ	두근거리다
pegawai negeri	쁘가와이 느그리	공무원
polisi	뽈리시	경찰
berpikir	브르삐끼ㄹ	생각하다
gadis	가디ㅅ	소녀
menangkap	므낭깝	붙잡다
penjahat	쁜자핫	범죄자, 악인
pasar	빠사ㄹ	시장
bersiap	브르시압	준비하다
bercakap	브르짜깝	이야기하다, 말하다
horor	호로ㄹ	공포, 소름
beres	베레ㅅ	정리되다, 마무리되다

핵심 문법

1. 명사 중첩과 형용사 중첩

중첩의 종류	뜻
명사 중첩	~들(명사의 복수형)
형용사 중첩	매우, 아주(형용사의 의미를 강조)

① 명사 중첩

동일한 명사를 두 번 반복하여 쓰면 해당 명사가 여러 개 있는 상태를 나타냅니다. 참고로 명사를 두 번 반복하여 복수를 나타낼 때는 복수 형태임을 나타내는 다른 표현과 함께 쓸 수 없습니다.

- **Murid itu sedang merapikan buku-bukunya.**
  그 학생은 책들을 정리하고 있습니다.
- **Orang-orang mengantre untuk naik bus.**
  사람들이 버스를 타기 위해 줄 서 있어요.
- **Ketiga anak-anak saya masih tidur.** (X)
- **Ketiga anak saya masih tidur.** 저의 세 아이들은 아직 자요. (O)

② 형용사 중첩

동일한 형용사를 두 번 반복하여 쓰면 해당 형용사의 의미를 더욱 강조하는 표현이 됩니다.

- **Minta cepat-cepat.** 빨리 빨리 해 주세요.
- **Anak lulusan universitas itu pintar-pintar.**
  그 대학을 졸업한 아이들은 정말 똑똑해요.

2. 동사 중첩

중첩의 종류	뜻
동사 중첩	① (가볍게) ~하다 ② (동작을) 반복하다, 계속 ~하다

① 가볍게 행동함을 나타냄

동사를 두 번 반복하여 쓰면 특별한 목적 없이 가볍게 즐기기 위한 행동임을 나타낼 수 있습니다.

- **Untuk merayakan ulang tahunnya, kita mau makan-makan di luar.**
  그의 생일을 축하하기 위해 저희는 외식을 할 거예요.
- **Saya hanya duduk-duduk di pantai seharian.**
  저는 그저 하루 종일 바닷가에 앉아 있었어요.

② 동작의 반복을 나타냄

동사를 두 번 반복하여 쓰면 해당 동사의 동작이 지속적으로 여러 번 반복됨을 나타낼 수 있습니다. 이때 반복되는 동사의 뒷부분은 'ber-'나 'me-' 같은 접사를 제외한 어근만 붙습니다.

- **Hatiku berdebar-debar saat menunggu hasilnya.**
  결과를 기다릴 때 내 심장은 두근거렸어요.
- **Keluarga saya berpindah-pindah terus karena ayah saya pegawai negeri.**
  아버지가 공무원이셔서 우리 가족은 계속 옮겨 다녔어요.

필수 패턴

다음 문장을 세 번씩 따라 읽어 보세요.

디 꼬따 브사ㄹ 이뚜 바냑 그둥-그둥 양 띵기
Di kota besar itu banyak gedung-gedung yang tinggi.

아낙-아낙 스당 브르마인 브르사마
Anak-anak sedang bermain bersama.

뽈리시 브르삐끼ㄹ-삐끼ㄹ 운뚝 므낭깝 쁜자핫 이뚜
Polisi berpikir-pikir untuk menangkap penjahat itu.

끄두아 가디ㅅ 므낭깝 쁜자핫 디 빠사ㄹ
Kedua gadis menangkap penjahat di pasar.

똘롱 쁠란-쁠란 라기
Tolong pelan-pelan lagi.

바랑 디 시니 스무아냐 브사ㄹ-브사ㄹ
Barang di sini semuanya besar-besar.

디아 수까 미눔-미눔 스뜰라ㅎ 뿔랑 끄르자
Dia suka minum-minum setelah pulang kerja.

빠상안 이뚜 시북 등안 브르시압-시압 운뚝 므니까ㅎ
Pasangan itu sibuk dengan bersiap-siap untuk menikah.

디아 뜨루ㅅ 브르짜깝-짜깝 등안 가디ㅅ 이뚜
Dia terus bercakap-cakap dengan gadis itu.

한국어 뜻을 보고 인도네시아어로 따라 쓰고 빈칸에 알맞은 말을 써 보세요.

그 큰 도시는 높은 건물들이 많아요.
Di kota besar itu banyak ______ yang tinggi.

아이들이 함께 놀고 있어요.
______ sedang bermain bersama.

경찰은 그 범죄자를 체포하기 위해 심사숙고했어요.
Polisi ______ untuk menangkap penjahat itu.

두 소녀가 시장에서 범죄자를 잡았어요.
Kedua ______ menangkap penjahat di pasar.

천천히 다시 해 주세요.
Tolong ______ lagi.

이곳의 물건은 전부 커요.
Barang di sini semuanya ______.

그는 퇴근 후에 한잔하는 걸 좋아해요.
Dia suka ______ setelah pulang kerja.

그 커플은 결혼 준비를 하느라 바빠요.
Pasangan itu sibuk dengan ______ untuk menikah.

그녀는 그 소녀와 계속 이야기했어요.
Dia terus ______ dengan gadis itu.

실전 회화

Track 23-3

아요 쯔빳-쯔빳 깔라우 안뜨레냐 수다ㅎ 빤장
Lina Ayo, cepat-cepat! Kalau antrenya sudah panjang,
까미 하루ㅅ 므능구 라마-라마
kami harus menunggu lama-lama.

야 수다ㅎ 자디 까무 마우 므논똔 필름 아빠
Nate Ya, sudah. Jadi kamu mau menonton film apa?

음 깔라우 필름 이뚜 끌리하딴 필름 아낙-아낙 야
Lina Um, kalau film itu kelihatan film anak-anak, ya.

바가이마나 필름 호로ㄹ 이뚜 까무 수까 필름 호로ㄹ 깐
Nate Bagaimana film horor itu? Kamu suka film horor, kan?

야 사야 수까 뜨루ㅅ 뜨만꾸 빌랑 필름 이뚜 쭈꿉 바구ㅅ
Lina Ya, saya suka. Terus temanku bilang film itu cukup bagus.

베레ㅅ 마리 쪼바 논똔 둘루
Nate Beres! Mari, coba nonton dulu!

한국어 해석

리나 자, 빨리 와! 줄이 길어지면 우리 오래 기다려야 해.

네이트 응, 알았어. 그래서 넌 무슨 영화가 보고 싶은데?

리나 음, 저 영화는 애들이 보는 영화 같아.

네이트 저 공포 영화는 어때? 너 공포 영화 좋아하지 않아?

리나 응, 좋아해. 그리고 친구가 말하길 저 영화 꽤 괜찮대.

네이트 정리됐다! 우리 일단 저 영화를 보자!

인도네시아 문화 Tip!

인도네시아에는 한국의 무당과 비슷한 두꾼(dukun)이 있습니다. 점을 쳐서 예언을 하거나 우환 또는 병의 치료를 주술적으로 돕는 무속인입니다.

1. 녹음을 듣고 빈칸을 채워 넣어 올바른 문장을 만들어 보세요. Track 23-4

① ________________ sedang berbelanja di pasar.

② Barang di toko itu ________________.

③ Kita ________________ di pantai selama pagi ini.

④ ________________ di kota ini sangat tinggi.

⑤ Minta ________________.

2. 다음 보기의 단어를 빈칸에 알맞게 넣어 올바른 문장을 만들어 보세요.

보기 santai-santai / makan-makan / kamar-kamar

① ________________ di rumah saya terang dan luas.
저희 집의 방들은 밝고 넓어요.

② ________________ saja. Tidak perlu sibuk terus.
여유를 가져요. 계속 바쁠 필요는 없어요.

③ Silakan ________________.
어서 드세요.

정답

1. ① Ibu-ibu ② mahal-mahal ③ duduk-duduk ④ Gedung-gedung ⑤ cepat-cepat
2. ① Kamar-kamar ② Santai-santai ③ makan-makan

Teman sekelas saya bilang film itu cukup bagus.

같은 반 친구가 그 영화 꽤 괜찮다고 했어요.

학습 목표

- se- 접사의 강조 표현에 대해 배워봅니다.
- se- 접사의 다양한 쓰임에 대해 배워봅니다.

새 단어

발음에 유의하며 다음 단어를 듣고 따라 말해 보세요. Track 24-1

인도네시아어	독음	뜻
istana	이스따나	궁궐, 왕궁
terletak	뜨를르딱	위치하다
emas	으마ㅅ	금
gajian	가지안	급여일
suami	수아미	남편
istri	이스뜨리	아내
sayur-sayuran	사유ㄹ-사유란	채소류
mengganti	믕간띠	바꾸다
sesuka hati	스수까 하띠	원하는 대로
bersifat	브르시팟	성격을 가지다
optimis	옵띠미ㅅ	낙천적이다
menyerah	므녀라ㅎ	포기하다
merupakan	므루빠깐	~이다(=adalah)
menahan	므나한	참다, 억제하다
mengantuk	믕안뚝	졸리다, 졸다

1. se- 접사의 강조 표현 하나의 (명사) / (수량)만큼

① 명사를 한정하거나 강조할 때

se- 접사는 명사에 붙어 해당 명사의 개수를 하나로 한정하며 동시에 강조하는 역할을 합니다. 우리말에서는 거의 사용하지 않는 표현이지만, 영어의 'a'나 'the'와 유사한 개념입니다. 격식체와 문어체에서 주로 쓰입니다.

- **Anak itu sudah menjadi seorang dokter.**
  그 아이는 (한 명의) 의사가 되었어요.
- **Istana Gyeongbok adalah sebuah istana yang terletak di Seoul.**
  경복궁은 서울에 위치한 (하나의) 궁궐입니다.
- **Seekor kucing dapat membuat Anda senang.**
  (한 마리의) 고양이가 당신을 즐겁게 만들 수 있습니다.

② 단위를 강조할 때

높이, 규모, 무게 등을 말할 때 단위에 se- 접사를 붙이면 '~만큼'이라는 의미가 됩니다. 우리말로 해석하면 매끄럽지 않은 표현이므로 대부분 생략하고 해석하는 편이 자연스럽습니다.

- **Nilai investasi tahun ini naik sebesar 4%.**
  올해 투자율은 4%(만큼) 올랐습니다.
- **Saya membeli emas seberat 200g waktu gajian pertama.**
  저는 첫 급여를 받은 날 금 200그램(만큼)을 샀어요.
- **Teman saya bekerja di gedung setinggi 500m.**
  제 친구는 500m(만큼) 높이의 건물에서 일해요.

2. se- 접사의 다양한 의미 같은 (장소) / (생각·의견)대로 / 모든

① 장소를 나타내는 표현과 쓰일 때

se- 접사가 장소를 나타내는 단어에 붙으면 '같은 (장소)'라는 의미가 됩니다.

- **Yuka adalah teman sekantor saya.**
  유카는 저와 같은 사무실 친구예요.
- **Suami mengambil sejalan untuk mengantar istrinya.**
  남편은 아내를 데려다 주려고 같은 길로 가요.

② 생각 · 의견을 나타내는 표현과 쓰일 때

se- 접사가 생각이나 의견과 관련된 단어에 붙으면 '(생각·의견)대로'라는 의미가 됩니다. 예를 들어, seingat은 '기억대로', setahu는 '아는 대로', sesuka는 '원하는 대로'라는 의미가 됩니다.

- **Seingat saya, sayur-sayuran sudah habis di rumah.**
  내 기억대로라면, 집에 채소가 다 떨어졌어.
- **Warnanya bisa mengganti warna sesuka hati kalian.**
  색상은 여러분이 마음에 드는 색으로 바꿀 수 있어요.

③ 범위 안의 대상 전체를 아우를 때

se- 접사가 일부 단어에 붙으면, '모든'이라는 뜻으로 해당 범위 안의 전체 대상을 아우르는 표현이 됩니다.

- **Kami sekeluarga selalu bersifat optimis.**
  우리 가족 모두는 언제나 낙천적인 성격이에요.
- **Kota itu kota terkaya sedunia.**
  그 도시는 전 세계에서 가장 부유한 도시입니다.

필수 패턴

다음 문장을 세 번씩 따라 읽어 보세요.

쁘리아 이뚜 띠닥 쁘르나ㅎ 므녀라ㅎ 스바가이 스오랑 아야ㅎ
Pria itu tidak pernah menyerah sebagai seorang ayah.

와니따 이뚜 수다ㅎ 믄자디 스오랑 독뜨ㄹ 기기
Wanita itu sudah menjadi seorang dokter gigi.

악히ㄹ냐 아낙 라끼-라끼 사야 비사 믐블리 스부아ㅎ 루마ㅎ
Akhirnya anak laki-laki saya bisa membeli sebuah rumah.

디아 수다ㅎ 므나붕 스브사ㄹ 리마 뿔루ㅎ 리부 돌라ㄹ
Dia sudah menabung sebesar 50.000 dolar.

빈땅 필름 빨링 뜨르끄날 스두니아 아달라ㅎ 시아빠
Bintang film paling terkenal sedunia adalah siapa?

스따후 사야 땅갈 가지안 아달라ㅎ 땅갈 리마 블라ㅅ
Setahu saya tanggal gajian adalah tanggal 15.

스잉앗 사야 디아 띠닥 므마까이 또삐 왁뚜 이뚜
Seingat saya dia tidak memakai topi waktu itu.

뜸빳 이니 므루빠깐 스부아ㅎ 이스따나 끄라자안 조선
Tempat ini merupakan sebuah istana kerajaan Joseon.

실라깐 스수까 하띠무 사자
Silakan, sesuka hatimu saja.

한국어 뜻을 보고 인도네시아어로 따라 쓰고 빈칸에 알맞은 말을 써 보세요.

그 남성은 한 명의 아버지로써 포기한 적이 없어요.
Pria itu tidak pernah ________ sebagai seorang ayah.

그 여성은 (한 명의) 치과 의사가 되었어요.
Wanita itu sudah menjadi ________ dokter gigi.

마침내 저희 아들이 집 한 채를 샀어요.
Akhirnya anak laki-laki saya bisa membeli ________.

그는 이미 50,000달러만큼을 모았어요.
Dia sudah menabung ________ 50.000 dolar.

전 세계에서 가장 유명한 영화배우가 누구예요?
Bintang film paling terkenal ________ adalah siapa?

제가 알기로 급여일은 15일이에요.
________ saya tanggal gajian adalah tanggal 15.

제 기억에 그는 그때 모자를 쓰지 않았어요.
________ saya dia tidak memakai topi waktu itu.

이 장소는 조선시대 때 한 궁궐이었어요.
Tempat ini merupakan sebuah ________ kerajaan Joseon.

자, 네 마음이 가는 대로 해.
Silakan, ________ hatimu saja.

실전 회화

Track 24-3

자디 바가이마나 까무 수까 필름 따디
Nate Jadi bagaimana? Kamu suka film tadi?

비아사 사자 뜨만 스끌라ㅅ 사야 빌랑 필름 이뚜 쭈꿉 바구ㅅ
Lina Biasa saja. Teman sekelas saya bilang film itu cukup bagus.

따삐 필름 이뚜 뜨를랄루 보산 바기 사야
Nate Tapi film itu terlalu bosan bagi saya.

뭉낀 까르나 뜨를랄루 빤장
Lina Mungkin karena terlalu panjang.

스잉앗 사야 필름냐 함삐ㄹ 띠가 잠 깐
Nate Seingat saya filmnya hampir 3 jam, kan?

야 띠가 잠 르비ㅎ 띠닥 비사 므나한 믕안뚝
Lina Ya, 3 jam lebih. Tidak bisa menahan mengantuk.

한국어 해석

네이트 그래서 어땠어? 아까 영화 재미있었어?

리나 그냥 그랬어. 같은 반 친구가 말하길 그 영화 꽤 괜찮다고 했는데.

네이트 그런데 나에게는 그 영화 너무 지루했어.

리나 아마 (영화가) 너무 길어서 그랬나 봐.

네이트 내 기억대로면 그 영화 거의 3시간이었던 것 같은데, 그렇지?

리나 응, 3시간 더 했지. 졸음을 참을 수 없었어.

인도네시아 문화 Tip!

인도네시아에서는 수도권에서 멀어질수록 아직 횡단보도가 없는 도로도 흔히 볼 수 있습니다. 이러한 곳에서는 안전을 위해서 가급적 주변 사람들이 길을 건너기를 기다렸다가 함께 건너는 것이 좋습니다.

연습 문제

1. 녹음을 듣고 빈칸을 채워 넣어 올바른 문장을 만들어 보세요. Track 24-4

① ____________________ sayur-syuran sudah habis di rumah.

② Seingat saya dia tidak ____________________ waktu itu.

③ Silakan, ____________ kamu saja.

④ Ibu ____________________ anaknya untuk mengantar.

⑤ Anakku sudah menjadi ____________________.

2. 다음 보기의 단어를 빈칸에 알맞게 넣어 올바른 문장을 만들어 보세요.

보기 sekelas / seingat / setahu

① ______________ saya dia suka mengantuk waktu bekerja.
제 기억에 그는 일할 때 잘 졸아요.

② ______________ saya anak itu suka tertawa.
제가 알기로 그 아이는 잘 웃어요.

③ Saya hampir menangis waktu mendengar kabar teman ______________ saya.
저는 같은 반 친구의 소식을 들었을 때 거의 울 뻔했어요.

정답

1. ① Seingat saya ② memakai kacamata ③ sesuka ④ mengambil sejalan ⑤ seorang guru
2. ① Seingat ② Setahu ③ sekelas

Saya mau menginap di Hotel Ombak 5 hari semua.

저는 5일 모두 옴박 호텔에서 머물고 싶어요.

학습 목표

- 일부를 나타내는 복수 표현에 대해 배워봅니다.
- 전체를 나타내는 복수 표현에 대해 배워봅니다.

새 단어

발음에 유의하며 다음 단어를 듣고 따라 말해 보세요.

Track 25-1

인도네시아어	독음	뜻
mual	무알	메스껍다
giliran	길리란	순서, 차례
kenang-kenangan	끄낭-끄낭안	추억, 기념품
warga	와르가	주민, 시민, 국민
listrik	리스뜨릭	전기
mendadak	믄다닥	갑자기
moderator	모데라또ㄹ	사회자
menyumbang	므늄방	지원하다, 기부하다
pusing	뿌싱	어지럽다
pahlawan	빠흘라완	영웅
penginapan	뻥이나빤	숙소
penuh	쁘누ㅎ	가득하다
SD(Sekolah Dasar)	에스데(스꼴라ㅎ 다사ㄹ)	초등학교
harta	하르따	재산

핵심 문법

1. 일부를 나타내는 복수 표현

일부의 복수 표현	뜻
beberapa	몇몇의
para	~들

① 몇몇을 지칭할 때

전체 중 일부 몇몇을 이야기할 때 '몇몇의'라는 뜻으로 beberapa를 쓸 수 있습니다. 이때 명사를 중첩하여 쓴 복수형과 중복해서 사용하지 않도록 주의해야 합니다.

- **Beberapa jam kemudian, saya merasa mual.**
  몇 시간이 지나고, 저는 메스꺼움을 느꼈어요.
- **Akhirnya kita bisa menemukan beberapa hasil.**
  결국 저희는 몇 가지 결과를 발견했어요.

② 여럿을 지칭할 때

같은 특성을 가진 여럿을 한 그룹으로 묶어 이야기할 때 '~들'이라는 뜻으로 para를 쓸 수 있습니다. 마찬가지로 명사를 중첩하여 쓴 복수형과 중복해서 사용하지 않도록 주의해야 합니다.

- **Para pelajar sedang menunggu gilirannya.**
  학생들은 순서를 기다리고 있어요.
- **Para satpam selalu menjaga di depan istana presiden.**
  경비원들은 항상 대통령의 궁 앞을 지킵니다.

2. 전체를 나타내는 복수 표현

전체의 복수 표현	뜻
semua	모든
seluruh	전 ~, 전부

① 전체를 지칭할 때

'모든'이라는 뜻으로 대상 전체를 나타낼 때 semua를 씁니다.

- **Anda bisa mencoba semua baju di sini.**
  당신은 이곳의 모든 옷을 입어 볼 수 있습니다.
- **Semuanya sudah menjadi kenang-kenangan setelah pulang dari wisata.**
  여행에서 돌아온 후 모든 것들이 추억이 되었어요.

② 특정 대상 전체를 강조할 때

'전 ~', '전부'라는 뜻으로 어떠한 대상 전체를 강조할 때 seluruh를 사용합니다. seluruh는 다른 단어와 함께 쓰이거나, '모든 것', '전체'라는 뜻인 keseluruhan이라고 쓸 수 있습니다.

- **Seluruh warga sempat marah karena listriknya mendadak mati.**
  갑자기 전기가 나가서 전 주민들이 화를 냈어요.
- **Moderator sudah menjelaskan keseluruhan.**
  사회자가 이미 모든 것을 설명했어요.

필수 패턴

다음 문장을 세 번씩 따라 읽어 보세요.  

브브라빠 오랑 마시ㅎ 므눙구 길리란 므레까
Beberapa orang masih menunggu giliran mereka.

느가라 꼬레아 므늄방 운뚝 브브라빠 느가라
Negera Korea menyumbang untuk beberapa negara.

모데라또ㄹ 아깐 믐브리따후깐 브브라빠 할
Moderator akan memberitahukan babarapa hal.

빠라 까르야완 상앗 스낭 까르나 하리 이니 가지안
Para karyawan sangat senang karena hari ini gajian.

브브라빠 오랑 므라사 뿌씽 깔라우 뜨를랄루 라마이
Beberapa orang merasa pusing kalau terlalu ramai.

스무아 와르가 스뚜주 등안 쁘로그람 바루
Semua warga setuju dengan program baru.

디아 믐블리 스무아 끄낭-끄낭안 디 또꼬 이니
Dia membeli semua kenang-kenangan di toko ini.

슬루루ㅎ 와르가 느가라 므눙구 빠흘라완 바루
Seluruh warga negara menunggu pahlawan baru.

까미 하루ㅅ 믈리핫 끄슬루루한
Kami harus melihat keseluruhan.

한국어 뜻을 보고 인도네시아어로 따라 쓰고 빈칸에 알맞은 말을 써 보세요.

몇몇 사람들은 아직 그들의 순서를 기다리고 있어요.
Beberapa orang masih menunggu ________ mereka.

대한민국은 몇몇 국가들을 지원합니다.
Negera Korea ________ untuk beberapa negara.

사회자가 몇 가지 사항을 알려줄 거예요.
________ akan memberitahukan babarapa hal.

직원들은 오늘이 월급날이라서 아주 즐거워해요.
________ sangat senang karena hari ini gajian.

몇몇 사람들은 너무 붐비면 어지러움을 느껴요.
________ orang merasa pusing kalau terlalu ramai.

주민들이 새로운 프로그램에 동의했어요.
________ setuju dengan program baru.

그는 이 가게에서 모든 기념품을 샀어요.
Dia membeli semua ________ di toko ini.

모든 국민들이 새로운 영웅을 기다립니다.
________ warga negara menunggu pahlawan baru.

우리는 전체를 봐야만 해요.
Kami harus melihat ________.

실전 회화

Track 25-3

Yuka
사야 잉인 므므산 브브라빠 할 운뚝 위사따 길리
Saya ingin memesan beberapa hal untuk wisata gili
리마 하리 음빳 말람
5 hari 4 malam.

Petugas
바익 아빠까ㅎ 음바 마우 므므산 뜸빳 쁭이나빤 둘루
Baik, apakah Mbak mau memesan tempat penginapan dulu?

Yuka
야 사야 마우 믕이납 디 호뗄 옴박 리마 하리 스무아
Ya, saya mau menginap di hotel Ombak 5 hari semua.

Petugas
마아ㅍ 스무아 까마ㄹ 디 호뗄 이뚜 수다ㅎ 쁘누ㅎ
Maaf, semua kamar di hotel itu sudah penuh.
비아사냐 왁뚜 이니 슬루루ㅎ 까마ㄹ 호뗄 수까 쁘누ㅎ
Biasanya waktu ini seluruh kamar hotel suka penuh.

Yuka
깔라우 브기뚜 똘롱 레꼬멘다시 브브라빠 호뗄 양 마시ㅎ
Kalau begitu, tolong rekomendasi beberapa hotel yang masih
비사
bisa.

한국어 해석

유카 4박 5일 길리 여행을 위해 몇 가지 예약하려고 해요.

직원 네, 숙소부터 예약하길 원하시나요?

유카 네, 5일 모두 옴박 호텔에서 묵고 싶어요.

직원 죄송합니다, 그 호텔의 객실은 이미 모두 찼어요.
보통 이맘때에는 전체 객실이 잘 차곤 해요.

유카 그러면 아직 가능한 호텔 몇 군데를 추천해 주세요.

인도네시아 문화 Tip!

현지 국가기관이나 공공기관에 가면 황금빛 새 모양 상징물을 쉽게 볼 수 있는데, 이는 인도네시아의 국장인 '가루다 빤짜실라'입니다. 17개의 날개깃과 8개의 꼬리깃, 가슴 쪽 방패의 문양 모두가 각기 상징적인 의미를 가지고 있습니다.

연습 문제

1. 녹음을 듣고 빈칸을 채워 넣어 올바른 문장을 만들어 보세요. Track 25-4

① ____________ dari Korea sedang menyanyi bersama.

② ____________ marah karena listriknya mati terus.

③ Para wisatawan membeli ____________.

④ Moderator itu sudah menjelaskan ____________.

⑤ ____________ suka bermain setelah pulang dari sekolah.

2. 다음 중 올바른 문장에는 ○ 표시를, 틀린 문장에는 X 표시를 하세요.

① Tempat penginapan sudah penuh seluruh. ( )
숙박 시설은 이미 예약되었어요.

② Nenek dan kakek memberi seluruh harta kepada anaknya. ( )
할머니와 할아버지는 전 재산을 그들의 아이에게 주었어요.

③ Beberapa peserta mendadak masuk ke dalam. ( )
몇몇 참석자들이 갑작스럽게 안으로 들어왔어요.

정답

1. ① Para penyanyi ② Seluruh warga ③ beberapa kenang-kenangan ④ keseluruhan ⑤ Anak-anak SD
2. ① X (Tempat penginapan sudah penuh semua.) ② ○ ③ ○

Akhir-akhir ini resor di sekitarnya sudah penuh semua.

최근 그 주변 리조트는 모두 찼어요.

학습 목표

- 시간 개념에서의 awal / tengah / akhir에 대해 배워봅니다.
- awal / tengah / akhir의 다양한 쓰임에 대해 배워봅니다.

새 단어

발음에 유의하며 다음 단어를 듣고 따라 말해 보세요.

Track 26-1

인도네시아어	독음	뜻
menghadiri	믕하디리	~에 참석하다
cuti tahunan	쭈띠 따후난	연차 휴가
menjelang	믄즐랑	~무렵에
menilai	므닐라이	평가하다
kebanyakan	끄바냐깐	대다수
mengucapkan	믕우짭깐	말하다, 표현하다
karir	까리ㄹ	커리어, 경력
saham	사함	주식
asing	아싱	해외, 낯설다
upacara	우빠짜라	행사, 의식
lokasi	로까시	위치
bagian	바기안	부분
resor	레소ㄹ	리조트
sekitar	스끼따ㄹ	근처
stabil	스따빌	안정적이다
wisuda	위수다	졸업

1. 시간 개념에서의 awal / tengah / akhir

시기 표현		예시
awal 초	+ 시간 표현 (예 tahun 년)	awal tahun 연초
tengah 중반		tengah tahun 연중
akhir 말		akhir tahun 연말

① 시초 · 시작을 나타냄

awal이 시간 표현 앞에 쓰이면 '(시간 표현)초, 초반'이라는 의미가 됩니다.

- **Awal minggu depan kami akan menghadiri upacara wisuda.**
  다음 주 초에 우리는 졸업식에 참석할 거예요.
- **Cuti tahuan saya mulai pada awal bulan ini.**
  제 연차 휴가는 이번 달 초부터 시작했어요.

② 가운데 · 도중을 나타냄

tengah가 시간 표현 앞에 쓰이면 '(시간 표현)중반'이라는 표현이 됩니다.

- **Dia menelepon pada tengah malam karena takut.**
  그는 한밤중에 무서워서 전화했어요.
- **Mari cek dulu hasil tengah tahun pertama ini.**
  올해 상반기 결과를 먼저 확인해 봅시다.

③ 마지막 · 끝을 나타냄

akhir가 시간 표현 앞에 쓰이면 '(시간 표현)말, 후반'이라는 표현이 됩니다.

- **Ayo kita coba akhir minggu ini.** 우리 이번 주말에 해 보자.
- **Menjelang akhir tahun ini saya menilai diri sendiri.**
  연말에 접어들 무렵 저는 자기 평가를 해요.

2. awal / tengah / akhir의 다양한 쓰임

시기 · 위치 표현		예시
awal 먼저, 처음	-nya	awalnya 처음에는, 원래는
tengah 가운데, 중간		-
akhir 나중, 마지막		akhirnya 마지막으로, 최종적으로

① 단독으로 쓸 때

awal은 처음, tengah는 중간, akhir는 마지막을 의미하여 단독으로도 사용이 가능합니다. 또한, awal과 akhir는 -nya 접사를 붙여 또 다른 표현을 만들 수 있습니다.

- **Saya tiba di bandara lebih awal.** 저는 공항에 더 먼저 도착했어요.
- **Kebanyakan orang masih ada di tengah.** 대다수의 사람이 여전히 가운데 있어요.
- **Cerita baik selalu memiliki akhir yang bahagia.**
  좋은 이야기는 항상 해피엔딩이에요.
- **Akhirnya, saya ingin mengucapkan terima kasih.**
  마지막으로, 감사하다는 말씀을 드리고 싶습니다.

② 두 번 반복해서 쓸 때

awal, tengah, akhir를 두 번씩 반복하면 각각의 의미를 더욱 강조하는 표현이 됩니다.

- **Saya beruntung pada awal-awal karir saya.**
  저의 맨 처음 커리어에는 운이 따랐어요.
- **Di tengah-tengah masalah ini, semuanya serius.**
  이 문제의 한가운데서 모두가 심각해요.
- **Akhir-akhir ini kita lebih mudah membeli saham negara asing.**
  최근 우리는 해외 주식을 더 쉽게 사게 되었어요.

필수 패턴

다음 문장을 세 번씩 따라 읽어 보세요.

Track 26-2

빠다 아왈 따훈 바냑 오랑 믐부앗 른짜나 바루
Pada awal tahun, banyak orang membuat rencana baru.

까미 블룸 믄다빳 자왑안 삼빠이 뜽아ㅎ 불란 이니
Kami belum mendapat jawaban sampai tengah bulan ini.

아다 바냑 끄낭-끄낭안 빠다 악히ㄹ 따훈 랄루
Ada banyak kenang-kenangan pada akhir tahun lalu.

끼따 하루ㅅ 브르삐끼ㄹ 다리 아왈
Kita harus berpikir dari awal.

모데라또ㄹ 하루ㅅ 아다 디 뜽아ㅎ
Moderator harus ada di tengah.

사야 수다ㅎ 믐바짜 부꾸 이뚜 다리 아왈 삼빠이 악히ㄹ
Saya sudah membaca buku itu dari awal sampai akhir.

아왈냐 띠닥 비사 끌루아ㄹ 다리 아스라마 왁뚜 말람
Awalnya, tidak bisa keluar dari asrama waktu malam.

믄즐랑 뜽아ㅎ 하리 사야 브르시압 운뚝 우빠짜라 이뚜
Menjelang tengah hari, saya bersiap untuk upacara itu.

악히ㄹ-악히ㄹ 이니 아낙 사야 라진 블라자ㄹ 바하사 아싱
Akhir-akhir ini anak saya rajin belajar bahasa asing.

한국어 뜻을 보고 인도네시아어로 따라 쓰고 빈칸에 알맞은 말을 써 보세요.

연초에 많은 사람들은 새로운 계획을 세워요.
_____, banyak orang membuat rencana baru.

우리는 이달 중순까지 답변을 듣지 못했어요.
Kami belum mendapat jawaban sampai _____.

작년 말에는 많은 추억이 있어요.
Ada banyak kenang-kenangan pada _____ lalu.

저희는 처음부터 생각해야 해요.
Kita harus berpikir dari _____.

사회자는 반드시 가운데에 있어야 해요.
Moderator harus ada di _____.

저는 그 책을 처음부터 끝까지 읽었어요.
Saya sudah membaca buku itu dari awal _____.

원래 밤에는 기숙사에서 나올 수 없어요.
_____, tidak bisa keluar dari asrama waktu malam.

정오 무렵, 저는 그 행사를 준비했어요.
_____, saya bersiap untuk upacara itu.

최근 저희 아이는 외국어 공부를 열심히 해요.
_____ ini anak saya rajin belajar bahasa asing.

실전 회화

Track 26-3

까무 수다ㅎ 므므산 까마ㄹ 호뗄 디 뿔라우 길리
Andi Kamu sudah memesan kamar hotel di pulau Gili?

수다ㅎ 따삐 사야 띠닥 비사 믕이납 디 호뗄 옴박
Yuka Sudah, tapi saya tidak bisa menginap di hotel Ombak.

깔라우 브기뚜 악히ㄹ냐 까무 아깐 믕이납 디 마나
Andi Kalau begitu, akhirnya kamu akan menginap di mana?

음 사야 루빠 나마냐 따삐 로까시냐 디 뜽아ㅎ 뿔라우 길리
Yuka Um……, saya lupa namanya. Tapi lokasinya di tengah pulau Gili.

스따후 사야 까무 마우 믕이납 디 바기안 바와ㅎ
Andi Setahu saya, kamu mau menginap di bagian bawah.

브나ㄹ 따삐 악히ㄹ-악히ㄹ 이니 레소ㄹ 디 스끼따ㄹ냐 수다ㅎ 쁘누ㅎ 스무아
Yuka Benar, tapi akhir-akhir ini resor di sekitarnya sudah penuh semua.

한국어 해석

안디 너 길리섬 호텔 방은 예약했니?

유카 했어, 그런데 나 옴박 호텔에서는 묵을 수 없어.

안디 그럼 너 결국 어디서 머물기로 했는데?

유카 음……, 내가 이름을 잊어버렸네. 하지만 위치는 길리섬 중앙이었어.

안디 난 네가 아래쪽 지역에서 머물고 싶어 하는 줄 알았어.

유카 맞아, 그런데 요즘에는 그 근처 리조트가 모두 다 찼더라고.

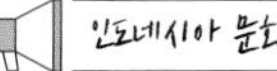

인도네시아 문화 Tip!

길리섬은 자연 경관이 아름답고 섬 둘레가 7km도 채 되지 않는 작은 섬입니다. 영어로도 의사소통은 가능하지만, 현지 주민들에게 인도네시아어로 말을 건네면 훨씬 반갑게 응해주기 때문에 간단한 인니어 표현을 활용해 보는 것도 좋습니다.

연습 문제

1. 녹음을 듣고 빈칸을 채워 넣어 올바른 문장을 만들어 보세요. Track 26-4

① ________________, kami ingin mengucapkan terima kasih.

② Silakan cek dari awal ________________.

③ Menjelang ________________ situasinya kembali stabil lagi.

④ ____________________, saya menghadiri upacara wisuda.

⑤ Saya paling sibuk setiap ________________.

2. 다음 보기의 단어를 빈칸에 알맞게 넣어 올바른 문장을 만들어 보세요.

보기 akhir jalan / awal tahun / akhirnya

① ____________________ ini, kami membuat rencana yang baru.
올해 초에 우리는 새로운 계획을 세웠어요.

② Tolong terus sampai ______________________ ini.
이 길의 끝까지 직진해 주세요.

③ ____________________, saya bisa memakai cuti tahunan.
마침내 저는 연차 휴가를 쓸 수 있었어요.

정답

1. ① Akhirnya ② sampai akhir ③ tengah hari ④ Awal minggu lalu ⑤ akhir bulan
2. ① Awal tahun ② akhir jalan ③ Akhirnya

Walaupun begitu, di kamar saya masih saja ada nyamuk.

그런데도 제 방에는 아직 모기가 있어요.

학습 목표

- 부사 juga에 대해 배워봅니다.
- 조사 pun에 대해 배워봅니다.

발음에 유의하며 다음 단어를 듣고 따라 말해 보세요.

Track 27-1

인도네시아어	독음	뜻
nyamuk	냐묵	모기
mengaku	믕아꾸	인정하다
koki	꼬끼	요리사
persaingan	쁘르사잉안	경합, 경쟁
masakan	마사깐	요리
apotek	아뽀떽	약국
adil	아딜	공평하다
serangan	스랑안	공격, 침략
siber	시버ㄹ	사이버
baterai	바뜨라이	배터리
memotong	므모똥	자르다, 조각내다
gara-gara	가라-가라	~때문에
taruh	따루ㅎ	놔두다
zat	잣	물질
lowongan kerja	로웡안 끄르자	일자리

1. 부사 juga ~도, 역시, 또한 / 꽤, 좀

① 문장 속 다양한 위치에서 쓰이는 juga

juga는 상황에 따라 다양한 품사 뒤에 놓여 '~도', '역시', '또한'이라는 의미로 같은 상황을 말할 때 쓰입니다. 영어의 too와 비슷한 의미입니다.

- **Penjahat itu juga mengaku kesalahan kemarin.**
  그 범죄자도 지난 잘못을 인정했어요.
- **Koki itu juga pernah menjadi juara persaingan masakan Korea.**
  그 요리사도 한식 경합의 우승자가 된 적이 있어요.
- **Nyamuk ada juga di apotek ini.** 모기도 이 약국에 있어요.

② 형용사절의 맨 끝에 쓰일 때

형용사절의 맨 끝에 juga를 쓰면 '꽤', '좀'이라는 어감을 나타낼 수 있습니다.

- **Yang punya kamu bagus juga.** 네 것도 꽤 괜찮네.
- **Mulut saya pahit juga baru minum kopi.**
  막 커피를 마셨더니 입이 좀 쓰네요.

③ 위치에 따른 juga의 의미 차이

동일한 문장이라고 하더라도 juga가 쓰인 위치에 따라 전체 문장의 해석이 달라질 수 있습니다. 어떤 부분에 마찬가지라는 의미를 넣어야 하는지 잘 파악하여 활용해야 하며, 문장을 해석할 때에도 오류가 없도록 위치를 잘 파악해야 합니다.

- **Cara ini juga adil.** 이 방법도 공평해요.
- **Cara ini adil juga.** 이 방법은 공평하기도 해요.

2. 조사 pun ~조차, ~든지

① 주어 뒤에 쓰일 때

pun이 주어 뒤에 오면 '(주어)조차'라는 표현이 됩니다.

- **Seorang pun tidak sadar itu sangat berbahaya.**
  한 사람도 그것이 아주 위험하다는 걸 깨닫지 못했어요.
- **Minum pun, dia tidak mau.** 마시는 것조차 그는 원치 않아요.

② 육하원칙 의문사 뒤에 쓰일 때

pun은 육하원칙 의문사 뒤에 오면 saja와 동일하게 '~든지'라는 의미가 됩니다. 반대로 '~도'라는 의미로 쓰이기도 하니, 문맥을 잘 파악해야 합니다.

- **Serangan siber bisa terjadi kapan pun dan bagian mana pun.**
  사이버 공격은 언제든지 어느 분야에서든지 일어날 수 있어요.
- **Tapi sebenarnya saya tidak melakukan apa pun.**
  하지만 사실 전 아무것도 안 한걸요.

③ 일부 단어에 접사로 붙을 때

일부 단어에 -pun이 접사로 붙으면 양보를 나타내는 문장을 만들 수 있습니다. 대표적으로 walapun과 meskipun이라고 쓰여 '(비록) ~함에도 불구하고'라는 의미가 됩니다.

- **Data di situs ini tetap aman walupun ada serangan siber.**
  사이버 공격이 있었음에도 이 웹사이트의 정보는 안전해요.
- **Meskipun saya baru membeli HPnya, baterai cepat habis.**
  저는 휴대 전화를 새로 샀음에도 불구하고, 배터리가 빠르게 닳아요.

필수 패턴

다음 문장을 세 번씩 따라 읽어 보세요.  Track 27-2

악히ㄹ냐 디아 주가 믕아꾸 끄살라한냐
Akhirnya, dia juga mengaku kesalahannya.

이부 사야 띠닥 비사 마숙 주가
Ibu saya tidak bisa masuk juga.

아딕꾸 주가 마우 므모똥 꾸에
Adikku juga mau memotong kue.

까깍 스당 므모똥 아쁠 주가
Kakak sedang memotong apel juga.

므누룻 사야 시스뗌 이뚜 바구ㅅ 단 르비ㅎ 아딜 주가
Menurut saya, sistem itu bagus dan lebih adil juga.

사뚜 오랑 뿐 띠닥 므나루ㅎ 바랑 디 사나
Satu orang pun tidak menaruh barang di sana.

디 마나 뿐 아다 냐묵
Di mana pun ada nyamuk.

비스니ㅅ 아빠뿐 뜨ㄹ마숙 쁘ㄹ사잉안
Bisnis apapun termasuk persaingan.

끄빨라꾸 마시ㅎ 사낏 왈라우뿐 수다ㅎ 미눔 오밧
Kepalaku masih sakit walaupun sudah minum obat.

한국어 뜻을 보고 인도네시아어로 따라 쓰고 빈칸에 알맞은 말을 써 보세요.

결국에는 그도 그의 잘못을 인정했어요.
Akhirnya, dia juga ________ kesalahannya.

저희 어머니가 여기에 들어오실 수도 없어요.
Ibu saya tidak bisa masuk ________.

제 동생도 케이크를 자르고 싶어 해요.
Adikku ________ mau memotong kue.

형이 지금 사과도 깎고 있어요.
Kakak sedang ________ apel juga.

제 생각에는 그 시스템이 좋고 더 공평하기도 해요.
Menurut saya, sistem itu bagus dan lebih ________.

단 한 사람도 그곳에 물건을 두지 않았어요.
Satu orang ________ tidak menaruh barang di sana.

어디에든 모기가 있어요.
Di mana pun ada ________.

무슨 사업이든지 경쟁은 있어요.
Bisnis ________ termasuk persaingan.

약을 먹었는데도 저는 아직도 머리가 아파요.
Kepalaku masih sakit ________ sudah minum obat.

실전 회화

Track 27-3

아야ㅎ 사야 띠닥 비사 띠두ㄹ 가라-가라 냐묵
Yuka Ayah, saya tidak bisa tidur gara-gara nyamuk.

아다 냐묵 라기 끄마린 주가 끼따 므낭깝 바냑
Ayah Ada nyamuk lagi? Kemarin juga kita menangkap banyak,
깐
kan.

야 왈라우뿐 브기뚜 디 까마ㄹ 사야 마시ㅎ 사자 아다
Yuka Ya, walaupun begitu, di kamar saya masih saja ada.

쪼바 빠까이 오밧 냐묵 바까ㄹ 이니 아야ㅎ 믐블리냐 디
Ayah Coba pakai obat nyamuk bakar ini. Ayah membelinya di
아뽀떽 하리 이니 까따냐 비사 디따루ㅎ 마나뿐 까르나 띠닥
apotek hari ini. Katanya bisa ditaruh manapun karena tidak
아다 잣 바하야 아빠뿐
ada zat bahaya apapun.

이야 아야ㅎ 사야 쪼바 둘루
Yuka Iya, ayah. Saya coba dulu.

한국어 해석

유카　아빠, 저 모기 때문에 잘 수가 없어요.

아빠　또 모기가 있어? 어제도 많이 잡았잖아.

유카　네, 그런데도 (불구하고) 제 방에 아직도 있네요.

아빠　이 모기향을 써 봐. 아빠가 오늘 약국에서 샀어.
유해 물질이 아예 없어서 어디든 둘 수 있다더라.

유카　네, 아빠. 우선 써 볼게요.

인도네시아 문화 Tip!

인도네시아에는 도마뱀의 한 종류인 찌짝(cicak)이나 또껙(tokek)을 야외뿐만 아니라 실내에서도 종종 만나볼 수 있습니다. 처음에는 다소 놀랄 수 있지만 이들은 공격성이 없고 해충을 잡아먹으며 살기에 사람에게 이로운 파충류입니다.

연습 문제

1. 녹음을 듣고 빈칸을 채워 넣어 올바른 문장을 만들어 보세요. Track 27-4

① Saya tidak bisa tidur __________ nyamuk.

② Datanya masih aman __________ ada serangan hacker.

③ Tidak boleh menaruh __________ di sini.

④ Para koki mencari lowongan kerja di __________.

⑤ Cara baru ini __________.

2. 다음 보기의 단어를 빈칸에 알맞게 넣어 올바른 문장을 만들어 보세요.

보기 siapapun / walaupun / pun

① Berdiri __________ tidak bisa gara-gara sakit.
그는 아파서 걷는 것조차도 할 수 없어요.

② Program itu aman __________ ada serangan hacker.
해커의 공격에도 불구하고, 그 프로그램은 안전해요.

③ __________ harus bertanggung jawab atas hal ini.
이 문제에 대해 누구든지 책임을 져야 해요.

정답

1. ① gara-gara ② walaupun ③ apapun ④ Jepang juga ⑤ juga adil
2. ① pun ② walaupun ③ Siapapun

Saya memesan kamar atas nama Yuka.

저는 유카 명의로 방을 예약했어요.

학습 목표

- dalam과 antara에 대해 배워봅니다.
- atas와 bawah에 대해 배워봅니다.

새 단어

발음에 유의하며 다음 단어를 듣고 따라 말해 보세요. Track 28-1

인도네시아어	독음	뜻
baju dalam	바주 달람	속옷
baju renang	바주 르낭	수영복
pilihan	삘리한	선택
wewenang	웨웨낭	권한
DPR (Dewan Perwakilan Rakyat)	데뻬에ㄹ (데완 쁘르와낄란 라꺗)	국회(국민 대표 위원회)
antara lain	안따라 라인	예를 들면
menyampaikan	므냠빠이깐	(말을) 전하다
pujian	뿌지안	칭찬
di bawah umur	디 바와ㅎ 우무ㄹ	미성년의
di bawah tanah	디 바와ㅎ 따나ㅎ	지하에, 비밀리에
biro wisata	비로 위사따	여행사
lautan	라우딴	바다, 대양
perbedaan	쁘르베다안	차이
selain	슬라인	~외에
dicintai	디찐따이	사랑받다

핵심 문법

1. dalam과 antara

개념	뜻
dalam	~안에, ~내
antara	~중에, ~사이에, 가운데

① 단수를 한정할 때

'~안에', '~내'라는 의미인 dalam은 어떠한 것의 안이나 내부 범위를 한정하는 단어입니다. 또한, 다른 단어와 결합해서 완전히 새로운 의미의 복합 어휘로 쓰이기도 합니다.

- **Kami perlu sadar peran diri sendiri dalam keluarga.**
  우리는 가족 내에서 스스로의 역할을 자각할 필요가 있어요.
- **Dalam proses ini, kami harus mengecek satu per satu.**
  이 과정 안에서 우리는 하나하나 확인해야 해요.
- **Jangan lupa membawa baju dalammu.**
  네 속옷을 가져가는 거 잊지 마. (속옷)

② 복수를 한정할 때

'~중에', '~사이'라는 의미인 antara는 여러 가지 중에 특정 대상을 한정하는 단어입니다. 또한, 다른 단어와 결합하여 완전히 새로운 의미의 복합 어휘로 쓰이기도 합니다.

- **Baju renang ini paling bagus di antara baju di toko ini.**
  이 수영복이 이 가게의 옷들 중에 가장 멋져요.
- **Ada beberapa orang di antara mereka masih belum ada pilihan.**
  그들 중 몇몇 사람들은 아직 선택권이 없어요.
- **Tugas dan wewenang DPR lainnya, antara lain:**
  또 다른 국회의 업무와 권한은 다음과 같다: (다음과 같다)

2. atas와 bawah

개념	뜻
atas (기본 뜻: 위)	~에 대하여, ~에 기반하여
bawah (기본 뜻: 아래)	~하에

① 어떠한 것에 기반하여 말할 때

'위'라는 의미인 atas는 '~에 대하여', '~에 기반하여'와 같은 뜻으로 쓰입니다. 또한, 다른 단어와 결합하여 완전히 새로운 의미의 복합 어휘로 쓰이기도 합니다.

- **Atas nama siapa?** 누구 명의인가요?
- **Kami ingin menyampaikan ucapan terima kasih atas pujian Anda.**
  저희는 당신의 칭찬에 대해 감사의 말씀을 전하고 싶습니다.
- **Keluarga itu ingin menjadi masyarakat kelas atas.**
  그 가족은 상류층이 되고 싶어 해요. (상류층)

② 어떠한 상황 하에 있을 때

'아래'라는 의미인 bawah는 어떠한 조건이나 상황 아래에 있는 경우 '~하에'라는 뜻으로 쓰입니다. 또한, 다른 단어와 결합하여 완전히 새로운 의미의 복합 어휘로 쓰이기도 합니다.

- **Beberapa negara mengalami di bawah penjajahan negara lain.**
  몇몇 국가는 다른 국가의 지배하에 있었습니다.
- **Anak di bawah umur dilarang merokok dan minum alkohol.**
  미성년자는 흡연과 음주가 금지됩니다.
- **Kebenaran itu masih ada di bawah tanah.**
  진실은 아직 지하에 있습니다. (숨겨져 있다)

필수 패턴

다음 문장을 세 번씩 따라 읽어 보세요.

아낙꾸 믄자디 끄뚜아 달람 끌라스냐
Anakku menjadi ketua dalam kelasnya.

라자 세종 상앗 뜨르끄날 달람 스자라ㅎ 꼬레아
Raja Sejong sangat terkenal dalam sejarah Korea.

디아 빨링 띵기 안따라 뜨만-뜨만
Dia paling tinggi antara teman-teman.

스오랑 다리 므레까 마시ㅎ 잉인 브르따냐
Seorang dari mereka masih ingin bertanya.

모혼 마아ㅍ 아따ㅅ 끄살라한 사야
Mohon maaf atas kesalahan saya.

까미 스무아 므밀리끼 웨웨낭 아따ㅅ 끄자디안 이뚜
Kami semua memiliki wewenang atas kejadian itu.

꼬레아 쁘르나ㅎ 디 바와ㅎ 쁜자자한 느가라 라인
Korea pernah di bawah penjajahan negara lain.

아낙 디 바와ㅎ 두아 블라ㅅ 따훈 띠닥 볼레ㅎ 므논똔 필름 이뚜
Anak di bawah 12 tahun tidak boleh menonton film itu.

꼬따 서울 상앗 뜨르끄날 등안 시스뗌 끄레따 바와ㅎ 따나ㅎ
Kota Seoul sangat terkenal dengan sistem kereta bawah tanah.

한국어 뜻을 보고 인도네시아어로 따라 쓰고 빈칸에 알맞은 말을 써 보세요.

우리 아이가 반(안)에서 반장이 되었어요.
Anakku menjadi ketua ______ kelasnya.

세종대왕은 한국 역사 속에서 아주 유명해요.
Raja Sejong sangat ______ sejarah Korea.

그가 친구들 중에서 가장 커요.
Dia paling tinggi ______ teman-teman.

그들 중 한 명이 아직 질문하고 싶어 해요.
Seorang ______ mereka masih ingin bertanya.

제 잘못에 대해 사과드립니다.
Mohon maaf ______ kesalahan saya.

우리 모두 그 상황에 대한 권한이 있어요.
Kami semua memiliki ______ atas kejadian itu.

한국은 다른 나라의 지배하에 있었던 적이 있어요.
Korea pernah di ______ penjajahan negara lain.

12세 이하의 어린이는 그 영화를 볼 수 없어요.
______ 12 tahun tidak boleh menonton film itu.

서울시는 지하철 시스템으로 아주 유명해요.
Kota Seoul sangat terkenal dengan sistem ______.

실전 회화

Track 28-3

슬라맛 다땅 아다 양 비사 사야 반뚜
Petukas Selamat datang, ada yang bisa saya bantu?

사야 수다ㅎ 므므산 스부아ㅎ 까마ㄹ 레왓 비로 위사따
Yuka Saya sudah memesan sebuah kamar lewat biro wisata.
아따ㅅ 나마 유까
Atas nama Yuka.

바익 이부 유카 까마ㄹ냐 아다 두아 삘리한 안따라 까마ㄹ
Petugas Baik, Ibu Yuka. Kamarnya ada dua pilihan, antara kamar
쁘만당안 라우딴 단 쁘만당안 구눙
pemandangan lautan dan pemandangan gunung.

쁘ㄹ베다안 아빠 디 안따라냐 슬라인 쁘만당안 까마ㄹ
Yuka Perbedaan apa di antaranya selain pemandangan kamar?

두아-두아냐 바구ㅅ 따삐 쁘만당안 라우딴 빨링
Petugas Dua-duanya bagus, tapi pemandangan lautan paling
디찐따이 달람 두아 무심 뜨르악히ㄹ
dicintai dalam dua musim terakhir.

한국어 해석

직원 어서 오세요, 제가 도와드릴 것이 있나요?

유카 저는 여행사를 통해서 방을 예약했어요. 유카 명의로요.

직원 네, 유카 씨. 두 가지 방의 선택권이 있고,
오션 뷰와 마운틴 뷰 중에 고르실 수 있습니다.

유카 방 뷰 외에 그 방들의 차이점은 뭔가요?

직원 두 방 모두 좋아요. 하지만 오션 뷰가 최근 두 계절 동안 가장 사랑받았습니다.

인도네시아 문화 Tip!

관광지에는 게스트하우스, 호텔, 리조트 등 다양한 형태의 숙박 시설이 있습니다. 방을 예약할 때 너무 저렴한 방은 에어컨이 없는 등 불편한 요소가 있을 수 있으니 사전에 잘 확인해야 합니다.

연습 문제

1. 녹음을 듣고 빈칸을 채워 넣어 올바른 문장을 만들어 보세요. Track 28-4

① ____________________ siapa?

② Dia bekerja ____________________.

③ Ada pilihan ____________________?

④ ____________________, peran petugas itu sangat penting.

⑤ Anak ____________________ dilarang merokok.

2. 다음 보기의 단어를 빈칸에 알맞게 넣어 올바른 문장을 만들어 보세요.

보기 bawah / dalam / antara

① Masih ada banyak perbedaan ________________ mereka.
그들 사이에는 아직 많은 차이가 있어요.

② ________________ upacara hari ini, kami akan menggunakan bahan alam.
오늘 행사 내에서 우리는 자연산 제품을 쓸 거예요.

③ Kualitas ini di ________________ standar.
이 품질은 기준 이하예요.

정답

1. ① Atas nama ② di bawah DPR ③ di antaranya ④ Dalam sistem ini ⑤ di bawah umur
2. ① antara ② Dalam ③ bawah

Ada dokumen yang masih kurang.
아직 부족한 서류가 있어요.

학습 목표

- tambah와 kurang에 대해 배워봅니다.
- kali와 bagi에 대해 배워봅니다.

새 단어

발음에 유의하며 다음 단어를 듣고 따라 말해 보세요.

Track 29-1

인도네시아어	독음	뜻
kebijakan	끄비자깐	정책
memberikan	믐브리깐	주다
nilai tambahan	닐라이 땀바한	가산점
petani	쁘따니	농부
bertanggung jawab atas	브르땅궁 자왑 아따ㅅ	~에 대해 책임지다
harga barang	하르가 바랑	물가
lipat	리빳	배, 곱절
pelatih	쁠라띠ㅎ	코치
calon	짤론	후보
keras	끄라ㅅ	열심이다, 단단하다
sawah	사와ㅎ	논
mampu	맘뿌	할 수 있다, 가능하다
paham	빠함	이해하다
mengganggu	믕강구	방해하다
melengkapi	믈릉까삐	갖추다

핵심 문법

1. tambah와 kurang

개념	뜻
tambah	더하다(+)
kurang	빼다(−)

① 더하는 개념일 때

'더하다'라는 의미인 tambah는 증가하거나 추가되는 상황을 나타냅니다. 다양한 상황에서 쓰일 수 있으므로 '첨가', '증가', '가산' 등 광범위한 의미로 이해하고 문맥에 따라 해석하면 됩니다.

- **Pacarku lama-lama tambah ganteng.**
  내 남자 친구는 점점 더 잘생겨져.
- **Kebijakan ini memberikan nilai tambahan bagi para petani muda.**
  이 정책은 청년 농부들에게 가산점을 줍니다.

② 빼는 개념일 때

'빼다'라는 의미인 kurang은 덜해지거나 부족해지는 상황을 나타냅니다. 다양한 상황에서 쓰일 수 있으므로 '덜하다', '부족하다', '양이 적다' 등 광범위한 의미로 이해하고 문맥에 따라 해석하면 됩니다.

- **Maaf. Suaramu kurang jelas.**
  미안해. 네 목소리가 잘 안 들려.
- **Kelihatannya dia kurang mampu bertanggung jawab atas hal ini.**
  그는 이 문제를 책임질 능력이 부족해 보여요.

2. kali와 bagi

개념	뜻
kali	곱하다(x)
bagi	나누다(÷)

① 곱하는 개념일 때

의존 명사로 '회', '차례'를 나타내는 kali는 '곱하다'라는 뜻으로 어떠한 대상이 곱절이 되는 상황을 나타낼 때 쓰이기도 합니다. '배'라는 의미인 lipat이나 '더'라는 의미인 lebih와 자주 함께 쓰입니다.

- **Harga barang-barang naik dua kali lipat dalam tahun ini.**
  올해 중 물가가 두 배로 상승했어요.
- **Pelatih Timnas membuat calon pemain bekerja dua kali lebih keras.**
  국가대표팀 코치는 후보 선수가 두 배 더 열심히 하도록 만들었어요.

② 나누는 개념일 때

전치사로 '~에게'를 나타내는 bagi는 '나누다'라는 뜻으로 어떠한 대상이 나누어지는 상황을 나타낼 때 쓰이기도 합니다.

- **Petani itu membagi sawahnya menjadi tiga bagian.**
  그 농부는 논을 세 부분으로 나누었습니다.
- **Sepuluh dibagi dua menjadi lima.**
  10 나누기 2는 5입니다.

필수 패턴

다음 문장을 세 번씩 따라 읽어 보세요.

아다 양 마우 땀바ㅎ 라기
Ada yang mau tambah lagi?

디아 꾸랑 맘뿌 믄자디 독뜨ㄹ
Dia kurang mampu menjadi dokter.

하르가냐 뜨를랄루 마할 민따 꾸랑 라기
Harganya terlalu mahal. Minta kurang lagi.

하루ㅅ 브라빠 깔리 리빳
Harus berapa kali lipat?

까무 므므산 스뿔루ㅎ 깔리 르비ㅎ 바냑
Kamu memesan 10 kali lebih banyak.

똘롱 바기깐 쯔리따 양 라인 주가
Tolong bagikan cerita yang lain juga.

바기안 이니 마시ㅎ 수사ㅎ 빠함 바기 사야
Bagian ini masih susah paham bagi saya.

지까 까무 믈릉까삐냐 비사 다빳 닐라이 땀바한
Jika kamu melengkapinya, bisa dapat nilai tambahan.

디 시니 두아 깔리 르비ㅎ 마할 다리빠다 빠사ㄹ 따디
Di sini 2 kali lebih mahal daripada pasar tadi.

한국어 뜻을 보고 인도네시아어로 따라 쓰고 빈칸에 알맞은 말을 써 보세요.

더 추가하고 싶은 것이 있나요?
Ada yang mau ________ lagi?

그는 의사가 되기엔 능력이 부족해요.
Dia ________ mampu menjadi dokter.

가격이 너무 비싸요. 더 깎아주세요.
Harganya terlalu mahal. Minta ________ lagi.

얼마를 곱해야 하나요?
Harus berapa kali ________?

당신이 10배 더 많이 주문했어요.
Kamu memesan 10 ____ lebih banyak.

다른 이야기도 나누어 주세요(공유해 주세요).
Tolong ________ yang lain juga.

이 부분은 아직 저에게는 이해하기 어려워요.
Bagian ini masih susah ________ bagi saya.

당신이 그것을 충족하면, 추가 점수를 받을 수 있어요.
Jika kamu melengkapinya, bisa dapat ________.

여기가 아까 그 시장보다 두 배 더 비싸요.
Di sini 2 ____ lebih mahal daripada pasar tadi.

실전 회화

Track 29-3

Andi
유까 마아프 사야 자디 믕강구 리부란무
Yuka, maaf. Saya jadi mengganggu liburanmu.
짜땃딴 뚜가스냐 힐랑 까무 믐바기 뚜가스무
Catatan tugasnya hilang……. Kamu membagi tugasmu
끄빠다 사야 아빠 사자
kepada saya apa saja?

Yuka
쁘를루 믕후붕이 쁘르우사하안 바빠 최 운뚝 므므산
Perlu menghubungi perusahaan bapak Choi, untuk memesan
바랑 땀바한
barang tambahan.

Andi
오 이뚜 수다ㅎ 따삐 아다 도꾸멘 양 마시ㅎ 꾸랑 다리냐
Oh, itu sudah. Tapi ada dokumen yang masih kurang darinya.
바빠 최 아깐 믕이림 라기 스뜰라ㅎ 믈릉까삐냐
Bapak Choi akan mengirim lagi setelah melengkapinya.

Yuka
깔라우 브기뚜 띠닥 아다 뚜가ㅅ 라기 뜨리마 까시ㅎ 야
Kalau begitu, tidak ada tugas lagi. Terima kasih, ya.

한국어 해석

안디 유카야, 미안해. 내가 네 휴가를 방해하게 됐네.
업무 기록이 없어졌어……. 네가 나에게 어떤 업무를 분담했었지?

유카 추가 물품 주문을 위해 최 선생님 회사와 연락해야 해.

안디 오, 그건 했어. 하지만 그쪽에서 아직 부족한 서류가 있어.
최 선생님께서 보완 후에 다시 보내주시기로 했어.

유카 그러면 다른 업무는 없어. 고마워.

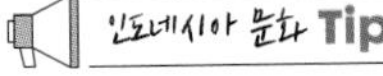

인도네시아에는 연차 휴무 외에도 대체 휴무와 비슷한 공동 휴무(cuti bersama) 개념이 있습니다. 공휴일 앞뒤로 국가에서 지정하며, 휴무 여부는 사업장의 자유이나 사용 시 개인 연차가 소요됩니다.

1. 녹음을 듣고 빈칸을 채워 넣어 올바른 문장을 만들어 보세요. Track 29-4

① Silakan ________________ , ya.

② Bulan ini para karyawan dapat ________________.

③ Saya ________________ melengkapinya hari ini.

④ Calon presiden ________________ yang baik.

⑤ Harga barang sudah ________________?

2. 다음 보기의 단어를 빈칸에 알맞게 넣어 올바른 문장을 만들어 보세요.

보기 kali / kurang / bagi

① Kabar saya akhir-akhir ini ________________ baik.
요즘 저는 별로 잘 지내지 못해요.

② Minta apel ini ________________ dua, ya.
이 사과를 두 개로 나눠 주세요.

③ Kopor ini 3 ________________ lebih besar daripada kopor itu.
이 수화물은 저 수화물보다 세 배 더 커요.

정답

1. ① tambah makan ② gaji tambahan ③ kurang mampu ④ membagi kebijakan ⑤ berapa kali lipat
2. ① kurang ② bagi ③ kali

Harapan saya mau berdiri di atas papan.

제 바람은 보드 위에 서는 거예요.

학습 목표

- 요청·기대를 나타내는 harap에 대해 배워봅니다.
- 바람·기원을 나타내는 semoga에 대해 배워봅니다.

새 단어

발음에 유의하며 다음 단어를 듣고 따라 말해 보세요. Track 30-1

인도네시아어	독음	뜻
papan	빠빤	판
sabar	사바ㄹ	침착하다
wawancara	와완짜라	인터뷰
damai	다마이	평화롭다
mengundurkan diri	믕운두르깐 디리	그만두다, 사퇴하다
kompetisi	꼼뻬띠시	경기, 경쟁
usia	우시아	나이, 수명
harapan hidup	하라빤 히둡	기대수명
menempuh	므늠뿌ㅎ	들어가다, 어려운 길로 가다
memaafkan	므마아프깐	용서하다
berlangsung	브를랑숭	계속되다
tercapai	뜨르짜빠이	이르다, 도달하다
cita-cita	찌따-찌따	꿈, 이상, 희망
kemajuan	끄마주안	전진, 발전
menikmati	므닉마띠	즐기다

핵심 문법

1. 요청 • 기대를 나타내는 harap ~해 주세요 / 바라다 / 기대, 희망

① 요청할 때

harap도 minta나 mohon과 같이 '~해 주세요'라는 의미의 요청문을 만들 수 있으며, 주로 무언가를 공지하는 상황에서 쓰입니다.

- **Harap sabar menunggu sampai nama Anda dipanggil.**
  당신의 성함이 불릴 때까지 침착하게 기다려 주세요.
- **Harap tenang, ada wawancara di ruangan sebelahnya.**
  정숙해 주세요. 옆 공간에서 인터뷰가 있어요.

② 희망 사항을 나타낼 때

harap 앞에 동사를 만드는 ber- 접사를 붙이면 '바라다', '기대하다'라는 의미가 됩니다.

- **Saya berharap semua berjalan dengan lancar dan damai.**
  저는 모든 게 원활하고 평화롭게 흘러가길 바랍니다.
- **Saya berharap supaya kamu tidak mengundurkan diri dari kompetisi.**
  저는 당신이 경기에서 포기하지 않기를 바랍니다.

③ 명사로 쓰일 때

harap 뒤에 명사를 만드는 -an 접사를 붙이면 '기대' 또는 '희망'이라는 의미가 됩니다. 또한, 다른 단어와 결합하여 새로운 의미의 복합 어휘로 쓰이기도 합니다.

- **Usia harapan hidup dunia di atas 80 tahun.**
  세계의 기대수명은 80세 이상입니다.
- **Anak-anak mempunyai harapan besar.**
  아이들은 큰 소망을 가지고 있어요.

2. 바람 • 기원을 나타내는 semoga (아무쪼록) ~하기를 바라다

① semoga의 쓰임

semoga는 주로 축하하는 상황에서 어떠한 좋은 일을 기원할 때 사용합니다. 또한, 개인적인 바람을 이야기할 때도 쓰일 수 있습니다.

- **Selamat ulang tahun. Semoga panjang umur dan sehat selalu.**
  생일 축하해요. 아무쪼록 장수하시고 항상 건강하세요.
- **Selamat menempuh hidup baru. Semoga menjadi keluarga bahagia selalu.**
  새로운 삶에 들어선 걸 축하해요. 언제나 행복한 가정이 되길 바랍니다.
- **Semoga dia memaafkan kesalahan saya.**
  그가 저의 잘못을 용서해 주길 바랍니다.

② 유의어 mudah-mudahan

mudah-mudahan도 semoga와 마찬가지로 '~하기를 바라다'라는 의미로 쓸 수 있습니다. 문장의 가장 앞이나 뒤에 쓰입니다.

- **Mudah-mudahan sukses, ya.**
  성공하길 바랍니다.
- **Mudah-mudahan usaha tahun ini berlangsung dengan lancar.**
  올해 사업이 계속 원활하게 흘러가길 바랍니다.
- **Pada tahun baru akan tercapai cita-cita kita, mudah-mudahan.**
  아무쪼록 다가올 새해에는 저희의 꿈이 이루어질 거예요.

필수 패턴

다음 문장을 세 번씩 따라 읽어 보세요.

하랍 다땅 끄마리
Harap datang kemari.

사야 브르하랍 비사 브르바하사 인도네시아 등안 란짜ㄹ
Saya berharap bisa berbahasa Indonesia dengan lancar.

사야 브르하랍 안다 스뚜주 등안 사야
Saya berharap Anda setuju dengan saya.

디아 브르하랍 끼따 비사 믕으르띠 시뚜아시 이니
Dia berharap kita bisa mengerti situasi ini.

사야 브르하랍 스모가 찌따-찌따무 뜨르짜빠이
Saya berharap semoga cita-citamu tercapai.

스모가 까무 단 끌루아르가무 세핫 슬랄루
Semoga kamu dan keluargamu sehat selalu.

무다ㅎ-무다한 띠닥 아다 마살라ㅎ 라기
Mudah-mudahan tidak ada masalah lagi.

무다ㅎ-무다한 와완짜라 베속 띠닥 수사ㅎ
Mudah-mudahan wawancara besok tidak susah.

무다ㅎ-무다한 끼따 비사 브르뜨무 라기
Mudah-mudahan kita bisa bertemu lagi.

한국어 뜻을 보고 인도네시아어로 따라 쓰고 빈칸에 알맞은 말을 써 보세요.

여기로 와 주시길 바랍니다.

_____ datang kemari.

저는 인도네시아어를 유창하게 할 수 있길 바랍니다.

_____ bisa berbahasa Indonesia dengan lancar.

저는 당신이 제게 동의하길 바랍니다.

Saya berharap Anda _____ dengan saya.

그는 우리가 이 상황을 이해할 수 있길 바랍니다.

Dia berharap kita bisa mengerti _____ ini.

저는 당신의 꿈이 이루어지길 바랍니다.

Saya berharap semoga cita-citamu _____.

당신과 당신 가족이 항상 건강하길 기원합니다.

_____ kamu dan keluargamu sehat selalu.

다시는 문제가 없기를 바랍니다.

_____ tidak ada masalah lagi.

내일 인터뷰가 어렵지 않기를 바랍니다.

Mudah-mudahan _____ besok tidak susah.

우리가 다시 만날 수 있길 바랍니다.

Mudah-mudahan kita bisa _____ lagi.

실전 회화

Track 30-3

설핑 빠기 하리 바가이마나 아다 끄마주안냐
Teman Surfing pagi hari bagaimana? Ada kemajuannya?

하리 이니 하라빤 사야 마우 브르디리 디 아따ㅅ 빠빤
Yuka Hari ini harapan saya mau berdiri di atas papan.
따삐 마시ㅎ 아각 수사ㅎ 자디 마우 쪼바 라기 스뜰라ㅎ 마깐
Tapi masih agak susah, jadi mau coba lagi setelah makan.

사야 등아ㄹ 난띠 옴박냐 브사ㄹ 따꿋냐 바하야
Teman Saya dengar, nanti ombaknya besar. Takutnya bahaya.

오 무다ㅎ-무다한 띠닥 야
Yuka Oh……, mudah-mudahan tidak, ya.

야 스모가 사자 난띠 시앙 주가 사마 스쁘르띠 따디
Teman Ya, semoga saja, nanti siang juga sama seperti tadi.

한국어 해석

친구 아침 서핑은 어땠어? 진전이 있었어?

유카 오늘 내 바람은 보드 위에 서는 거였어.
하지만 아직은 좀 힘들어서 밥 먹고 다시 해 보려고.

친구 내가 들었는데 이따가는 파도가 높을 거래. 위험할까 봐 걱정돼.

유카 오……, 안 그랬으면 좋겠다.

친구 응, 이따 낮에도 아까 같으면 좋겠어.

인도네시아 문화 Tip!

세계 최대 섬나라인 인도네시아에서는 매우 다양한 해양 스포츠를 즐길 수 있습니다. 대체로 한국보다 파도가 강하고 날카로운 돌부리도 많으므로 바다에서 레저 활동을 즐길 때는 안전 수칙을 잘 준수해야 합니다.

연습 문제

1. 녹음을 듣고 빈칸을 채워 넣어 올바른 문장을 만들어 보세요. Track 30-4

① ____________________ 5 menit lagi.

② ____________________mendapat hasil yang baik.

③ Semoga ____________________.

④ Mudah-mudahan ____________________ tercapai.

⑤ ____________________ semuanya bisa berbahasa dengan lancar!

2. 다음 보기의 단어를 빈칸에 알맞게 넣어 올바른 문장을 만들어 보세요.

보기 mudah-mudahan / semoga / harap

① Selamat datang di Bali. ____________________ Anda menikmati selama di sini.
발리에 오신 걸 환영해요. 이곳에 있는 동안 즐기시길 바랍니다.

② Cepat datang, ____________________.
아무쪼록 빨리 오시길 바랍니다.

③ ____________________ tenang semua.
모두 정숙해 주시길 바랍니다.

정답

1. ① Harap kembali ② Kami berharap ③ cepat sembuh ④ cita-citamu ⑤ Harapan saya
2. ① Semoga ② mudah-mudahan ③ Harap

인도네시아어 쓰기 노트

* 녹음을 듣고 따라 말해 보며 제시된 문장을 써 보세요.

01. 당신은 길리섬에서 스노클링 해 본 적 있나요?

Apakah kamu pernah snorkeling di pulau Gili?

02. 저는 당신의 도움이 필요해요.

Saya perlu bantuanmu.

03. 이 본문 좀 확인해 주세요.

Tolong cek teks ini.

04. 우리 식사부터 해요.

Mari kita makan dulu.

05. 이 박물관에서는 촬영이 금지되어 있어요.

Di museum ini dilarang memotret.

06. 이번 전시가 지난번 전시보다 더 좋아요.

Pertunjukan kali ini lebih bagus daripada yang kemarin.

07. 저희 제품이 이 중에 가장 가벼워요.

Produk kami paling ringan di antaranya.

08. 당신은 저희 제품을 저번만큼 주문하실 건가요?

Anda mau memesan produk ini sebanyak dengan kemarin?

09. 지금 저는 머리도 조금 아파요.

Kepala saya juga agak sakit sekarang.

10. 저는 초록색을 좋아해요.

Saya suka warna hijau.

11. 저는 가족들과 자주 그곳에 가요.

Saya sering ke sana dengan keluarga saya.

12. 당신은 이번 공휴일에 어디에 갈 거예요?

Kamu akan ke mana waktu tanggal merah ini?

13. 오늘 퇴근 전에 확인해 보겠습니다.

Saya akan mengeceknya sebelum pulang hari ini.

14. 첫 번째로, 그 두 가지를 먼저 보내요.

Untuk pertama kali, mengirim keduanya dulu.

15. 택시 요금은 대략 89,000루피아예요.

Ongkos taksi kurang lebih Rp 89.000.

16. 저는 늦지 않도록 택시를 타야겠어요.

Saya mau naik taksi saja agar tidak terlambat.

17. 그 가수는 어머니 세대에 정말 유명했어요.

Penyanyi itu benar-benar terkenal pada generasi ibu.

18. 당신은 무엇에 관해 회의했나요?

Kamu berdiskusi tentang apa saja?

19. 그러면, 그냥 제가 먼저 여쭤볼게요.

Kalau begitu, langsung saja saya bertanya dulu.

20. 저는 여기서 태어나서 다른 도시로 이사한 적이 없어요.

Saya lahir di sini terus tidak pernah pindah ke kota lain.

21. 인도네시아 국가대표팀이 결국 우승했어요.

Timnas Indonesia akhirnya jadi juara.

22. 그런데 저는 아까 반대 방향 버스를 탔어요.

Tapi tadi saya naik bus yang arah sebaliknya.

23. 우리는 오래 기다려야 해요.

Kami harus menunggu lama-lama.

24. 같은 반 친구가 그 영화 꽤 괜찮다고 했어요.

Teman sekelas saya bilang film itu cukup bagus.

25. 저는 5일 모두 옴박 호텔에서 머물고 싶어요.

Saya mau menginap di Hotel Ombak 5 hari semua.

26. 최근 그 주변 리조트는 모두 찼어요.

Akhir-akhir ini resor di sekitarnya sudah penuh semua.

27. 그런데도 제 방에는 아직 모기가 있어요.

Walaupun begitu, di kamar saya masih saja ada nyamuk.

28. 저는 유카 명의로 방을 예약했어요.

Saya memesan kamar atas nama Yuka.

29. 아직 부족한 서류가 있어요.

Ada dokumen yang masih kurang.

30. 제 바람은 보드 위에 서는 거예요.

Harapan saya mau berdiri di atas papan.

MEMO